Dr. med. vet. Anna Laukner

DEUTSCHER SCHÄFERHUND

Kosmos

So sind Schäferhunde

Ein Schäferhund zieht ein

Gesunde Ernährung

Richtige Pflege

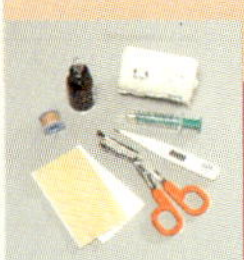

Rundum gesund

Erziehung leichtgemacht ▸ 72

Freizeitpartner Schäferhund ▸ 85

Schäferhunde züchten ▸ 96

Service ▸ 109

So sind Schäferhunde

So sind Schäferhunde

Den Deutschen Schäferhund beschreiben zu wollen, ist eigentlich überflüssig, denn die häufigste Hunderasse der Welt (er)kennt jedes Kind! Die kraftvolle und urwüchsige Schönheit dieser Rasse fasziniert seit 100 Jahren viele Menschen in allen Ländern; es gibt kaum jemanden, der nicht von einem persönlichen Erlebnis mit Schäferhunden zu berichten wüßte. Vielen erscheint diese dem Wolf nicht unähnliche Rasse als »Prototyp« des Hundes schlechthin; sowohl überzogen negative als auch positive Emotionen werden mit dem Schäferhund in Verbindung gebracht. Sehr oft wurde diese Rasse in der Regenbogenpresse bereits als »Killerbestie« und Nazihund verteufelt. Im Gegensatz hierzu steht die Darstellung als denkender Überhund, wie z.B. in Fernsehserien wie Rin-Tin-Tin oder Komissar Rex.

Daß immer nur der Mensch den Hund in die eine oder die andere Richtung lenkt, wurde und wird hierbei oft vergessen. Kein Hund denkt über Gut und Böse nach, er möchte einzig und allein seinem Rudelführer gefallen. In dessen Hand liegt es auch, das Bild des Schäferhundes in der Öffentlichkeit zu gestalten.

Ohne Zweifel ist der Schäferhund eine vielseitige und auch geschichtsträchtige Hunderasse, ein »Allerwelts-

Das Idealbild des Deutschen Schäferhundes einst und heute: Der auffälligste Unterschied zeigt sich im Verlauf der Rückenlinie und der Winkelung der Hinterhand.

hund« hingegen ist er nicht. Sinn dieses Buches soll es daher auch sein, Ihnen zu helfen, sich vor dem Hundekauf zu entscheiden. Entweder für diese Hunderasse, oder auch dagegen. Wenn Sie bei der Lektüre feststellen, daß ein Schäferhund evtl. doch nicht so gut zu Ihnen paßt, so erspart diese Erkenntnis Ihnen und dem Hund viele Unannehmlichkeiten.

▶ Aussehen

Schwarzgelbes, stockhaariges Fell, Stehohren und ein ausgewogen kraftvoller Körperbau bei übermittelgroßer Schulterhöhe, so kennt man den Schäferhund. Auf den heutigen Zuchtschauen wird einem ein sehr einheitliches Bild der Rasse vermittelt, die ja aus teilweise recht unterschiedlich aussehenden Hundeschlägen aufgebaut wurde.

Daß die eigentliche Reinzucht des Schäferhundes erst seit 1899 betrieben wird, mag erstaunen, haben doch die Hundezüchter im Laufe dieser Zeit aus stockhaarigen, rauhhaarigen und zotthaarigen Herdengebrauchshunden der verschiedensten Farbschläge den heutigen Schäferhund geschaffen.

Vergleicht man Fotos aus den Anfängen der Schäferhundzucht mit heutigen Tieren, so fallen einem das durchweg kräftigere Gebäude, der schwerere Kopf und auch die klarere Farbverteilung des modernen Schäferhundes auf. Auch die stärkere Hinterhandwinkelung und – hierdurch bedingt – die steiler abfallende Rückenlinie sind »Errungenschaften« der jüngeren Zuchtgeschichte.

Neben dem schwarzgelben Fell gibt es auch wolfsgraue Hunde. Bis vor wenigen Jahren sah man diesen Farbschlag kaum noch, heute ist er wieder häufiger. Auch reinschwarze Schäferhunde kommen vor, sind aber ebenfalls den schwarzgelben zahlenmäßig weit unterlegen.

Graue Schäferhunde erfreuen sich in letzter Zeit wachsender Beliebtheit.

Auch blaue und leberfarbige Schäferhunde kommen selten vor, gestromte Hunde sollen ebenfalls immer wieder einmal auftreten. Diese drei Farbschläge sind laut Rassestandard nicht anerkannt, zumindest Blau und Braun stellen Pigmentverdünnungen dar, die bereits zu Beginn der Zuchtgeschichte verpönt waren.

Das heutige Stockhaar, das aus der dichten, kürzeren Unterwolle und dem etwas längeren, härteren Deckhaar besteht, war schon immer erklärtes Zuchtziel. Man kennt aber auch das etwas längere Langstockhaar, das glatte, in der Rückenlinie gescheitelte Langhaar und sogar das – allerdings seltene – Rauhhaar. Anders als bei seinen belgischen und holländischen Verwandten verbannte man beim Deutschen Schäferhund lang- und rauhhaarige Tiere nach und nach aus der Reinzucht. Heute fallen beide Varietäten vereinzelt noch in Schäferhundwürfen, sie dürfen

Sehr beliebt, aber vom Rassestandard nicht zugelassen ist der langhaarige oder Altdeutsche Schäferhund (rechts). Ebenfalls nicht anerkannt werden die vereinzelt vorkommenden rauhhaarigen Schäferhunde (links).

aber nicht zur Weiterzucht eingesetzt werden. Erstere werden von Liebhabern als »Altdeutsche Schäferhunde« gezielt gezüchtet, rauhhaarige Schäferhunde hingegen haben sich als Rassehunde nicht durchgesetzt. Übrigens ist die rauhhaarige Variante auch bei den Belgischen Schäferhunden (Laekenois) sowie den Holländischen Schäferhunden die zahlenmäßig kleinste!

▸ Wesen

Nicht nur das Aussehen des Schäferhundes, auch sein Wesen ist frei von Extremen und Übertreibungen. Der Schäferhund ist ein Allrounder, der den verschiedensten Anforderungen gerecht wird. Nicht verwechseln darf man diese Vielseitigkeit allerdings mit pflegeleichter Anpassungsfähigkeit an jede Form der Haltung und Erziehung. Ein Schäferhund braucht eine Aufgabe, man muß seinen Tatendrang frühzeitig in die richtigen Bahnen lenken. Denn Schäferhunde sind hochintelligente, wache und zudem führige Hunde. Dies bedeutet, daß sie eine ausgeprägte Bereitschaft besitzen, sich ihrem Herrn unterzuordnen. Es bedeutet nicht, daß sie sich »von selbst« erziehen, sie benötigen im Gegenteil eine sorgfältige Erziehung, um alle ihre guten Eigenschaften auch zur vollen Entfaltung bringen zu können. Hierbei sollte man (wie bei der Erziehung jedes Hundes!) viel mit Lob und Ermunterung arbeiten. Nichts wirkt bedrückender als ein geduckt neben seinem Herrn einherschleichender Schäferhund, dem sichtlich jede Lebensfreude fehlt. Fordern Sie Ihren Schäferhund, machen Sie ihn zu Ihrem Partner und nicht zu Ihrem Untertan, dann haben Sie einen der besten Kameraden, den die Hundewelt zu bieten hat!

Oft hört man, daß Schäferhunde Angstbeißer, Feiglinge oder Duckmäuser seien. Dies stimmt nicht, nur gilt für den Schäferhund in besonderem Maße, daß er das ist, was man aus ihm macht.

In meiner täglichen Praxis erlebe ich immer wieder, daß Hunde, vor allem Schäferhunde, Spiegel ihres Herrn sind. Wächst ein Schäferhund im Zwinger auf, reizarm und von anderen Tieren und Menschen abgeschottet, wird er dreimal in der Woche auf dem Hundeplatz »gedrillt«, so darf man sich nicht wundern, wenn er in alltäglichen Situationen oft verunsichert reagiert, ängstlich oder aggressiv erscheint. Ein Schäferhund ist nun mal kein Wundertier, es liegt zum Großteil in Ihrer Hand, was aus ihm wird.

TIP

Nicht jeder Schäferhund ordnet sich seinem Herrn automatisch unter! Besuchen Sie mit Ihrem Schäferhund möglichst vom Welpenalter an Spiel- und Erziehungskurse. Hier bekommen Sie fachmännische Anleitung und Hilfestellung bei der Ausbildung und bei Erziehungsproblemen!

Rassegeschichte

In Deutschland gab und gibt es eine Vielzahl bodenständiger Hütehunde. Diese unterscheiden sich, je nach ihrem Verbreitungsgebiet, vor allem in Fellart, Farbe und Größe. Die Landschaft und auch die vorherrschenden Witterungsverhältnisse bestimmten das Erscheinungsbild der Hunde. Auch die Größe der zu hütenden Schafe war letztendlich einflußnehmend; kleine Heidschnucken in Norddeutschland erforderten kleinere Schäferhunde, große Fleischschafe schließlich wurden von

Weiße Schäferhunde

Weiße Schäferhunde fallen immer wieder in Würfen. In Deutschland sind sie nicht anerkannt, in Amerika und Kanada hingegen wurden sie schon immer weitergezüchtet und gelangten schließlich als sogenannte Amerikanisch-Kanadische Schäferhunde wieder in ihr Mutterland. Heute werden sie auch bei uns außerhalb des SV gezüchtet, eine offizielle Anerkennung als Rassehund innerhalb des VDH (Verband für das Deutsche Hundewesen) steht allerdings zum momentanen Zeitpunkt nicht zur Diskussion.

größeren, kräftigeren Hunden gehütet. Die bei den norddeutschen Schäferhundschlägen häufiger anzutreffende Ringelrute deutet weiterhin auf eine in früheren Zeiten erfolgte Einkreuzung von nordischen Hunderassen und spitzartigen Hunden hin.

Bei der Erzüchtung des modernen Deutschen Schäferhundes spielten vor allem der kleinere, stehohrige und wolfsfarbige Thüringer Schäferhund sowie der größere Württembergische Schäferhund eine Rolle. Zuchtziel war der stockhaarige, stehohrige Hund. Die Fellfarbe spielte eine untergeordnete Rolle, solange sie kräftig pigmentiert war.

Das wolfsähnliche Aussehen des Deutschen Schäferhundes gibt übrigens oft zu der Vermutung Anlaß, diese Rasse sei besonders nahe mit dem

Der Rassebegründer: Rittmeister Max von Stephanitz

Wolf verwandt. Das trifft aber nicht zu; Schäferhunde haben genau die gleiche »genetische Distanz« zum Wolf wie beispielsweise die Dogge oder der Dackel. Zu Beginn dieses Jahrhunderts wurden zwar vereinzelt Wölfe mit Schäferhunden gekreuzt, um die Hunde schärfer zu machen, diese Verpaarungen erbrachten aber im Gegenteil scheuere Tiere. Bereits im Standardwerk des SV-Gründers v. Stephanitz, »Der Deutsche Schäferhund in Wort und Bild« aus dem Jahre 1923, wird ausdrücklich vor solchen Wolfseinkreuzungen gewarnt.

Horant Grafrath – der erste im Zuchtbuch eingetragene Deutsche Schäferhund

Der Verein

Am 22. April 1899 wurde der Verein für Deutsche Schäferhunde e.V. (SV) gegründet. Nachdem ein zuvor bestehender Verein sich vorrangig der Zucht und Verbreitung des Schäferhundes als »Luxushund« angenommen hatte, stand für den SV seit jeher die Gebrauchstüchtigkeit der Rasse im Vordergrund. Rittmeister Max von Stephanitz, der Gründer des SV, erkannte frühzeitig, daß die Zukunft der Rasse nicht nur im Herdendienst liegen könne, und propagierte den Schäferhund auch als Diensthund in vielen verschiedenen Bereichen. So wurden Schäferhunde bald als Polizeihunde, Blindenhunde, als Sanitäts- und Meldehunde im Ersten Weltkrieg eingesetzt.

Steigende Beliebtheit

Der Schäferhund wurde schnell beliebt, die Mitgliederzahl des SV wuchs rasch. Bis 1922 waren bereits annähernd 200.000 Tiere registriert. Heute hat der SV über 100.000 Mitglieder; bisher wurden knapp über 2 Millionen Hunde ins Zuchtbuch eingetragen.

Seine ursprüngliche Aufgabe gab dem Schäferhund seinen Namen.

Verwendung

Hunde werden schon seit Jahrhunderten vom Menschen dazu eingesetzt, Schafe, aber auch andere Tiere wie Rinder oder Ziegen zu treiben und zu hüten. Durch Selektion über Generationen hinweg konnten sich richtige »Spezialisten« herausbilden – so z.B. der Border Collie aus Großbritannien, der als Schafhund weltweit verbreitet ist. Kurzläufige Rassen wie Corgis oder Heeler treiben Rinder oder auch Schafe durch Schnappen in die Fesseln; Tritte der Klauentiere gehen über ihren niedriggestellten Rumpf hinweg. Andere Rassen, meist große, schwere Hunde wie der Pyrenäenberghund oder der Tatrahund, waren und sind reine Wächter der Schafherde, sogenannte Hirtenhunde. Sie sollen Herde (und auch Hirten) vor zwei- und vierbeinigen Räubern schützen. »Zusammengehalten« wird die Herde von kleineren, wendigeren Hunden.

Der Deutsche Schäferhund und auch seine Vorfahren, die bodenständigen deutschen Herdengebrauchshundeschläge, sind keine Spezialisten an der Herde, sie sind vielmehr Allrounder, die sowohl die Schafe zusammenhalten und treiben als auch bewachen und beschützen sollen. Keines dieser Tiere wird daher aufgrund seiner Hüteleistung in alle Welt exportiert, wie z.B. der schon erwähnte Border Collie oder auch der australische Kelpie.

Erst als sich das Einsatzgebiet des Deutschen Schäferhundes änderte und er als Diensthund Karriere machte, wurde er zum deutschen »Qualtitätsprodukt« und Exportschlager. 1916 nahm in Oldenburg die erste Blindenhundeschule der Welt ihren Dienst auf, 1923 gründete der SV in Potsdam die zweite Ausbildungsstätte. Schäferhunde waren und sind bis heute häufige und bewährte Blindenhunde, vorrangig werden kastrierte Hündinnen einge-

Weltsieger Fanto vom Hirschel

setzt, die sich möglichst wenig durch andere Hunde ablenken lassen.

In neuerer Zeit werden übrigens immer wieder auch Hunde als Helfer für andere behinderte Menschen ausgebildet, so z.B. für Gehörlose oder Rollstuhlfahrer.

In beiden Weltkriegen ließen unzählige Hunde, darunter viele Schäferhunde, ihr Leben. Eingesetzt waren sie als Sanitätshunde, als Meldehunde, sie zogen Munitionswagen und suchten Verwundete. Viele verletzte Soldaten verdankten ihr Leben einem Schäferhund. Andererseits wurden die Tiere aber auch zum Bewachen Gefangener und zum Aufspüren Geflüchteter eingesetzt. Übrigens war in beiden Weltkriegen der Schäferhund nicht nur auf deutscher Seite, sondern an allen Fronten Kriegshund.

Im englischsprachigen Raum wird der Deutsche Schäferhund teilweise bis heute »Alsatian«, also »Elsässer« genannt, einen solch »guten« Hund wollte man nicht als deutsch ansehen! Vor allem aber in Friedenszeiten sind es die vielfältigen Einsatzgebiete, die den Schäferhund bekannt und beliebt gemacht haben. Außer als Blindenhunde arbeiten Schäferhunde z.B. als Spürhunde: sie suchen Drogen, Sprengstoff oder lecke Gasleitungen, aber auch vermißte Personen oder flüchtige Straftäter. Nicht nur bei der Polizei versehen diese Hunde ihren Dienst, auch Zoll, Grenzschutz und Bundeswehr setzen Hunde für Spür- und Schutzdienste ein. Bereits 1896 wurden in Deutschland erstmals Polizeihunde eingesetzt, neben Schäferhunden auch Rottweiler, Airedale Terrier, Dobermänner und sogar Deutsche Doggen. Nach und nach setzte sich der Deutsche Schäferhund im Polizeidienst durch, erst in Deutschland, dann weltweit. Heute sind ca. 80% der bundesdeutschen Diensthunde Schäferhunde! Ursache hierfür sind nicht nur die idealen äußerlichen Voraussetzungen wie das »wetterfeste«

Haarkleid, sondern vor allem die rasche Auffassungsgabe und Lernbereitschaft.

Auch als Rettungs- und Lawinenhunde werden vor allem Schäferhunde ausgebildet und in Katastrophengebieten eingesetzt. Rettungshunde werden übrigens in Deutschland von Privatleuten ehrenamtlich ausgebildet und auf Einsätzen geführt!

Beinahe jedes »hundliche« Betätigungsfeld wird vom Schäferhund besetzt, lediglich als Jagd- und als Schlittenhunde werden Schäferhunde nicht »im großen Stil« ausgebildet. Und neben all diesen Einsatzgebieten wird der Schäferhund auch und vor allem als treuer Familienhund in aller Welt gehalten!

Verwandte Rassen

Herdengebrauchshunde entwickelten sich, wie bereits erwähnt, im Laufe von Jahrhunderten. Der Dienst an der Herde sowie die landschaftlichen Gegebenheiten prägten ihre äußere Erscheinung. Hunde im Gebirge sind meist größer und üppiger behaart, Hunde in weiten Ebenen eher kleiner und drahtiger. Oft ähneln sich Hunderassen, die in verschiedenen Ländern entstanden sind, aber zu ganz ähnlichen Aufgaben und unter ähnlichen klimatischen und landschaftlichen Bedingungen gezüchtet wurden. Oft wurden natürlich Hunde mitsamt einer Herde in ein anderes Land verkauft, oder sie kamen mit ihrem Hirten auf der Suche nach besseren Weidegründen in benachbartes Gebiet. Ein Austausch hat mit Sicherheit immer stattgefunden. Es zählten keine Ahnentafeln, sondern einzig und allein die Leistung. Oft können nur Fachleute die willkürlich nach Ländern getrennten Rassen auseinanderhalten, für einen Laien sehen sich zum Beispiel der ungarische Kuvasz, der polnische Tatrahund und der slowenische Cuvac zum Verwechseln ähnlich.

Auch der Deutsche Schäferhund hat nahe Verwandte, die in den westlichen Anrainerstaaten Holland und Belgien zu finden sind. Anders als beim Deutschen Schäferhund sind bei seinen holländischen und belgischen Verwandten alle drei Haarvarianten bis heute als offizielle Schläge anerkannt. Der langhaarige Belgier mit rotem Haarkleid ist der Tervueren, der schwarze wird Groenendal genannt. Der kurzhaarige rotbraune Belgier ist der Malinois, und der rauhhaarige rotbraune schließlich heißt Lakenois. Auch die holländischen Schäferhunde gibt es in Kurz-, Rauh- und Langhaar, ihr Fell ist stets gestromt. In ihrem Beliebtheitsgrad haben sowohl die belgischen als auch die holländischen Ver-

Altdeutsche Hütehunde

Die deutschen Ahnen unseres Schäferhundes versehen übrigens seit Jahrzehnten treu und redlich ihren Dienst an der Herde; man kann sie auch heute noch von der Heide bis ins Alpenvorland in Begleitung der immer seltener werdenden Schafherden antreffen. Ob Schafpudel, Altdeutsche Schafhunde, Harzer Füchse, Gelbbacken oder Württembergische Strobel, sie alle haben sich seit Jahrhunderten in mehr oder weniger unveränderter Form erhalten.

Prominente unter sich: Kommissar Rex mit seiner Trainerin und Box-Champion George Foreman

wandten den Deutschen Schäferhund nie erreicht; der belgische Malinois wird allerdings in letzter Zeit zunehmend als Schutzhund eingesetzt.

▸ Schäferhunde und ihr Image

Von Anfang an begeisterten sich nicht nur »Normalsterbliche« für den Schäferhund, auch prominente Zeitgenossen aller Sparten vertrauten auf diese Rasse als Wächter und Freund ihrer Familie. Der letzte deutsche Kaiser, Wilhelm II., und auch der damalige Reichskanzler von Hindenburg waren Schäferhundbesitzer. Viele Politiker und Mitglieder regierender Häuser wurden und werden von Schäferhunden begleitet. Aber auch Künstler, vor allem Sänger und Schauspieler, halten dieser Rasse die Treue. Wie sehr prominente Anhänger einer Hunderasse deren Image beeinflussen können, zeigt sich am Beispiel des Deutschen Schäferhundes: Hitler hielt mehrere Schäferhunde, seine geliebte Hündin »Blondie« ging in die Geschichte ein, nachdem sie vor dem Selbstmord ihres Herrn von diesem ebenfalls mit Zyankali vergiftet worden war. Seitdem geistert der Schäferhund in vielen Köpfen als Nazihund herum; ein Ruf, den dieses vielseitige, freundliche Tier nicht verdient. Schon oft stand der Schäferhund als »deutsches Mistvieh« im Mittelpunkt reißerisch aufgemachter Artikel. Die vielen Schäferhunde, die Tag für Tag ihr Leben für Menschen riskieren, werden hingegen selten in der

Kann ich die Bedürfnisse eines Schäferhundes erfüllen?

- [ ] Kann ich mich in den nächsten 12 Jahren meines Lebens um einen Hund kümmern?
- [ ] Sind alle Familienmitglieder mit der Anschaffung eines Hundes einverstanden?
- [ ] Bin ich imstande, dem Hund eine Beschäftigung zu bieten, z.B. eine Ausbildung auf dem Hundeplatz?
- [ ] Erlaubt mein Vermieter die Hundehaltung?
- [ ] Besteht bei mir oder einem anderen Familienmitglied eine Hundehaarallergie?
- [ ] Bin ich imstande, auch einmal höhere Ausgaben (z.B. für Operationskosten) zu bezahlen?
- [ ] Ist geregelt, wer den Hund im Urlaub oder im Krankheitsfall betreut?

Öffentlichkeit genannt. Aber auch die berühmten Schäferhunde in Film und Fernsehen, die doch zum Glück überwiegend positiv besetzt sind, tragen nicht nur zum Wohl der Rasse bei: In vielen Menschen wird so der Wunsch erweckt, auch einen solchen Superhund zu besitzen.

Was überzogene Darstellungen einer Rasse anrichten können, weiß man leider nicht erst seit den Lassie-Filmen und 1001 Dalmatiner. Der Deutsche Schäferhund ist, zumindest hierzulande, der häufigste Rassehund in Tierheimen. Wenn dieses Buch mithilft, auch nur einen einzigen Welpen vor einem emotionalen »Fehlkauf« zu bewahren, so hat es seinen Zweck bereits erfüllt!

Neben dem beliebteren schwarzgelben Farbschlag sieht man auch vereinzelt schwarze Schäferhunde.

Ein Schäferhund zieht ein

Ein Schäferhund zieht ein

Vor dem Kauf

WARUM EIN SCHÄFERHUND? ▸ Sie wünschen sich einen Hund als Hausgenossen. Vielleicht träumen Sie seit Ihrer Kindheit von einem Schäferhund, vielleicht wurden Sie auch erst auf der Suche nach der geeigneten Rasse auf ihn aufmerksam. Fasziniert Sie seine unverwechselbare Erscheinung oder sein aufmerksames, aktives Wesen? In jedem Fall müssen Sie vor der Anschaffung prüfen, ob diese Rasse auch zu Ihnen und Ihrem Leben paßt, um die Grundlage für ein für beide Seiten erfülltes Miteinander zu schaffen. Der Schäferhund ist nicht nur ein schöner und imposanter Begleiter, sondern fordert von seinem Besitzer auch einiges an Disziplin, Zeit und auch materiellen Aufwendungen.

ZEIT ▸ Der Zeitfaktor ist ein nicht zu unterschätzender Prüfstein. Wenn Sie allein leben, wo bleibt der Hund während Ihrer Arbeitszeit? Können Sie ihn mitnehmen, oder müsste er acht Stunden oder noch länger alleinbleiben? Haben Sie Familie, so muß diese Frage ebenso geklärt werden. Nicht jedes Familienmitglied ist begeistert von der Idee, täglich bei Wind und Wetter mit dem Hund längere Spaziergänge zu unternehmen. Der Hund muß zwar nicht unbedingt um 6 Uhr morgens das erstemal nach draußen, paßt sich aber auch nur bedingt an Langschläfer an.

Zeitbedarf

Lebenserwartung: ca. 10–13 Jahre
Täglicher Auslauf: ca. 3 Stunden
Körper- und Fellpflege: ca. 1 Stunde/Woche
Ausbildung: (z.B. SchH): mind. 6 Monate 1–2 Stunden/Woche unter Anleitung, dazu tägl. mind. 15 Min. daheim bis zur ersten Schutzhund-Prüfung

Und selbst wenn er scheinbar mühelos »Durststrecken« von mehreren Stunden täglich übersteht, so spricht dies eher für die große Anpassungsfähigkeit seiner Art als für die ideale Haltungsform. Spielen Sie also in Gedanken ruhig einmal durch, wie ein Hund in Ihren Tages-, Wochen- und Jahresplan paßt.

Auch die Urlaubsplanung muß natürlich in Zukunft auf den Hund abgestimmt werden.

GELD ▸ Der Anschaffungspreis für einen reinrassigen Deutschen Schäferhund mit Papieren beträgt in aller Regel nur einen Bruchteil dessen, was Sie im Laufe seines Hundelebens für Futter, Steuer, Tierarzt und sonstige Kosten ausgeben. Überlegen Sie sich wirklich gut, ob diese Ausgaben vom Familienbudget getragen werden können.

TIP

Überlegen Sie, ob sich nicht die Einrichtung eines »Hundesparbuches« lohnt, auf das im Falle einer größeren Ausgabe zurückgegriffen werden kann!

Tägliche Fixkosten entstehen natürlich durchs Futter, jährliche Fixkosten sind Impfungen, Entwurmungen, Steuer und Versicherung. Einmalige Ausgaben entstehen z.B. durch das obligatorische HD-Röntgen, auch Halsbänder und Leine schlagen bestimmt mehrmals im Laufe des Hundelebens zu Buche. Hiermit sind gerade einmal die minimal erforderlichen Kosten aufgezählt, nach oben sind die Grenzen offen. Den höchsten Posten stellen mit Sicherheit die anfallenden Tierarztkosten dar; für kompliziertere Operationen können unter Umständen mehrere tausend Mark fällig werden. Auch wenn der Schäferhund nicht zu den »kostenintensivsten« Rassen gehört, so kommen doch im Laufe der Zeit nicht unerhebliche Summen zusammen.

Wer könnte dieser Spielaufforderung widerstehen?

PLATZ ▸ Die Frage nach dem Platzbedarf eines Schäferhundes läßt sich nicht so einfach beantworten wie die nach dem erforderlichen Zeit- oder auch finanziellen Aufwand. Ein Schäferhund in einer Zweizimmerwohnung, der täglich viele Stunden freien Auslauf und Beschäftigung hat, wird mit Sicherheit »besser« gehalten als einer, der tagein, tagaus allein in einem großen Haus mit Garten lebt.

Wichtig ist hingegen, daß der Hund einen eigenen Platz innerhalb des Hauses/der Wohnung hat, auf den er sich auch einmal zurückziehen und wo er ungestört sein kann.

Reine Zwingerhaltung ist auch beim Deutschen Schäferhund absolut abzulehnen. Wie bei jedem anderen Hund verkümmern hierbei seine sozialen und emotionalen Anlagen, er wird zum Dauerkläffer und unter Umständen sogar zu einer Gefahr für seine Umwelt. Als zeitweilige Unterbringungsmöglichkeit hingegen eignet sich ein entsprechender Zwinger durchaus, z.B. um den schmutzigen oder nassen Hund nach dem Spaziergang erst einmal trocken werden zu lassen.

TIP

Klären Sie unbedingt vor dem Hundekauf, ob Ihr Vermieter die Hundehaltung gestattet. Auch wenn sie nicht ausdrücklich verboten ist, sollten Sie sich in jedem Fall eine Genehmigung einholen!

RÜDE ODER HÜNDIN? ▸ Die Beantwortung dieser Frage hängt von verschiedenen Faktoren ab. Besitzen Sie bereits einen Hund? Meist sind zweigeschlechtliche Hundepaare verträglicher als zwei Rüden oder zwei Hündinnen, hier kann es immer wieder zu Rangordnungsstreitigkeiten kommen. Während der zweimal jährlich auftretenden Läufigkeit der Hündin muß man sich allerdings etwas einfallen lassen, um ihren Partner nicht zwangsläufig auch zum Vater ihrer Welpen werden zu lassen. Aber auch ohne Rüden im Haus gestaltet sich die Zeit der Läufigkeit oft als Spießrutenlauf für Hündin und Besitzer. Es gibt zwei Möglichkeiten, die Läufigkeiten zu unterbinden: zum einen die Kastration der Hündin, bei der die Eierstöcke und i.d.R. auch die Gebärmutter entfernt werden. Man kann aber auch mit Medikamenten in den Zyklus der Hündin eingreifen und die Läufigkeit für beliebige Zeit unterbinden.

Eine Hündin ist generell etwas unterordnungsbereiter und »führiger« als ein Rüde, der vor allem im Flegelalter einmal die Rangordnung in Frage stellen kann. Natürlich gibt es auch dominante Hündinnen und weiche, sanfte Rüden. Man sollte sich also immer auch vom Züchter, der seine Welpen genau kennt, über das spezifische Wesen jedes einzelnen Welpen aufklären lassen, da dies zumindest tendenziell auf das Wesen des erwachsenen Hundes schließen läßt.

Äußere Umstände sind, wie eingangs erwähnt, bereits im Haushalt lebende Hunde, aber auch Hunde in der unmittelbaren Nachbarschaft. So kann es viele Unannehmlichkeiten ersparen, wenn man in einer Gegend mit vielen Hündinnen auf einen Rüden verzichtet, da dieser während der Läufigkeitssaison mit Sicherheit für einige Turbulenzen sorgen wird.

Kastration und Läufigkeitsunterdrückung

	Vorteile	*Nachteile*
Kastration	▸ keine Trächtigkeit mehr möglich ▸ keine Pyometra (Gebärmuttervereiterung) mehr möglich ▸ Gesäugetumorrisiko reduziert, wenn Kastration kurz nach erster Läufigkeit erfolgt	▸ keine Trächtigkeit mehr möglich, falls doch noch Nachwuchs erwünscht ▸ in manchen Fällen Harninkontinenz nach Kastration
Hormonelle Läufigkeitsunterdrückung	▸ Trächtigkeit prinzipiell jederzeit möglich, falls Nachwuchs erwünscht ▸ gezielt einsetzbar, um z.B. die Läufigkeit an einer wichtigen Prüfung oder Ausstellung zu verschieben	▸ Trächtigkeit möglich, falls bei oraler Verabreichung die Eingabe vergessen wurde oder durch Erkrankung (Durchfall, Erbrechen) nicht wirkt ▸ bei Langzeitanwendung Gefahr von Gebärmuttererkrankungen

WELPE ODER ÄLTERES TIER? ▸ Falls Ihr zukünftiger Hausgenosse Ihr erster Hund sein wird, so rate ich Ihnen auf jeden Fall zu einem Welpen vom Züchter. Ältere Hunde, zumal aus dem Tierheim, haben oft eine unbekannte Vorgeschichte, sie können durch schlechte Erfahrungen ängstlich, aggressiv oder auch einfach ohne jegliche Grunderziehung sein. Bei einem Welpen aus seriöser Zucht hingegen bekommen Sie mit hoher Wahrscheinlichkeit einen Hund, der in den ersten Lebenswochen bereits gute Erfahrungen mit erwachsenen Menschen, hoffentlich auch mit Kindern und Tieren machen konnte. Ein guter Züchter wird Ihnen bei Fragen zu Haltung, Fütterung und Verhalten jederzeit mit Rat und Tat zur Seite stehen.

Für einen erfahrenen Hundehalter kann die Übernahme eines älteren Hundes eine reizvolle Herausforderung darstellen, nebenbei erspart er einem Tier so unter Umständen auch eine längere Tierheim-Odyssee. Sie müssen sich allerdings auch darüber im klaren sein, daß dieser Hund Unarten oder Eigenheiten mitbringen kann, auf die Sie niemand vorbereiten konnte oder wollte.

Zu einem älteren Schäferhund kommt man auf verschiedene Wege: Die Tierheime sind meist voll von »der

Deutschen liebstem Hund«, außerdem werden sie oft in der Tagespresse oder in sogenannten Flohmarktzeitungen »umständehalber« abgegeben.

Einen Welpen kauft man am besten beim Züchter. Ungeplante Würfe werden auch häufiger von Hündinnenbesitzern in der Tagespresse inseriert. Natürlich kann man sich auch solche Welpen ansehen, wobei man mit diesen Schäferhunden »ohne Papier« nicht züchten darf und auch oft im Verkäufer nicht unbedingt einen kompetenten Schäferhundfachmann an seiner Seite hat.

EIN ODER ZWEI HUNDE? ▶ Welche Gründe gibt es, sich zu seinem ersten Hund noch einen zweiten zu kaufen? Manche Leute haben Ihrem Hund gegenüber ein schlechtes Gewissen, da er längere Zeit am Tag alleine ist, und wollen ihm gerne einen Kameraden zugesellen. Dies darf nicht der ausschließliche Grund für einen Zweithund sein, da Ihr erster (und auch Ihr zweiter) Hund auch genug Zeit und Aufmerksamkeit seines menschlichen Rudelführers benötigt! Zwei die meiste Zeit sich selbst überlassene Hunde entwickeln genauso Unarten wie ein einzelner, sie richten nur noch doppelt soviel Schaden an. Wie am Anfang dieses Kapitels bereits erwähnt, ist der Zeitfaktor entscheidend dafür, ob man sich überhaupt einen Hund kaufen sollte. Zwei Schäferhunde erfordern nämlich auch doppelt soviel Zeit auf dem Ausbildungsplatz oder für die Fellpflege.

Zur Bereicherung Ihres und des Lebens Ihres ersten Hundes kann ein Zweithund durchaus beitragen. Falls Sie mit Ihrer Hündin züchten wollen, könnten Sie z.B. einen Welpen behalten.

Keinesfalls sollten Sie sich aber zwei Schäferhund-Welpen zugleich anschaffen, ziemlich sicher würden Sie sich mit diesem Fulltime-Job überfordern. Neben der Grunderziehung, vor allem zur Stubenreinheit, erfordert auch die Ausbildung auf dem Hundeplatz sehr viel Zeit und Aufmerksamkeit. Es gibt mit Sicherheit auch nur wenige Eltern, die sich Zwillinge wünschen! Zu guter Letzt könnte bei zwei Welpen auch die Prägung auf den Menschen etwas zu kurz kommen. Auch wenn die kleinen Schäferhundbabys noch so entzückend aussehen, denken Sie daran, daß in wenigen Monaten Energiebündel von bis zu 40 kg Gewicht aus ihnen werden, deren Temperament in geordnete Bahnen gelenkt sein will.

Ein geeigneter Zeitpunkt für einen zweiten Hund ist oft auch gekommen, wenn Ihr Schäferhund die ersten Alterserscheinungen zeigt, wenn Sie den alten Glanz in seinen Augen vermissen und er nicht mehr die Lebensfreude wie früher zeigt. Oft bringt ein junger Hund wieder ein bißchen mehr Schwung in das Leben Ihres alten Schäferhundes. Wenn man darauf achtet, daß der Kleine dem gutmütigen Großen nicht zu sehr auf der Nase herumtanzt, so kann für alle Beteiligten eine vorteilhafte Beziehung entstehen.

WANN SOLL DER HUND EINZIEHEN? Hierfür gibt es eigentlich keine allgemeingültigen Regeln. Der richtige Zeitpunkt hängt immer auch von Ihren persönlichen Lebensumständen ab. Natürlich wäre es denkbar ungünstig, kurz vor einem bevorstehenden Umzug oder einer längeren Reise einen Hund ins Haus zu holen. Auch wenn Sie vor einer beruflichen Veränderung stehen, sollten Sie sich gut überlegen, ob Sie die nötige Zeit für den Welpen aufbringen können. Haben Sie gerade selbst Familiennachwuchs bekommen, kann die Welpenerziehung für eine vielleicht ohnehin gestreßte junge Mutter eine erhebliche Mehrbelastung darstellen. Vielleicht sollten Sie noch ein paar Monate mit dem kleinen Schäferhund warten?

Am besten ist es natürlich, wenn ein Familienmitglied den ganzen Tag zu Hause und auch willens ist, den Hauptteil der Pflege und Erziehung des Welpen zu übernehmen. Vielleicht nehmen Sie sich auch Urlaub, um sich die ersten zwei oder drei Wochen Ihrem neuen Hausgenossen widmen zu können.

Generell ist es im Sommer angenehmer, mehrmals täglich und auch nachts vor die Tür zu gehen, bis der Hund stubenrein ist, auch sind die Welpenspieltage, die von vielen Ortsgruppen des SV und von anderen Hundeschulen angeboten werden, für Herrchen und Frauchen im Sommer meistens attraktiver. Obwohl es natürlich auch schön für die Welpen ist, im Schnee umherzutollen! Beziehen Sie also Ihre persönliche Lebensplanung des nächsten Jahres, besser noch der nächsten Jahre, in Ihre Überlegungen mit ein.

BÜROKRATIE ▸ Für Hunde muß man, leider, in Deutschland **Steuern** bezahlen. Diese werden von den Gemeinden erhoben und unterscheiden sich von Ort zu Ort oft erheblich. Nur einige wenige Gemeinden verzichten ganz auf diese sogenannte Luxussteuer. Erkundigen Sie sich rechtzeitig über die Höhe der Hundesteuer, anmelden müssen Sie Ihren Hund aber erst ab einem be-

Ausgewachsene Schäferhunde brauchen viel Auslauf.

stimmten Alter; auch dies ist je nach Gemeinde unterschiedlich. Bei der Anmeldung bekommen Sie eine Steuermarke, die Sie am Halsband des Hundes befestigen. In manchen Städten sind »Steuerfahnder« unterwegs, die Hundebesitzer in Parks überprüfen; für einen solchen Fall ist es am besten, der Hund hat seine Marke direkt am Halsband.

Über Sinn und Unsinn der Hundesteuer wird viel und heftig diskutiert, ihre Gegner bezweifeln, daß sie ihren eigentlichen Zweck erfüllt. Die Hundesteuer soll nämlich das Ausmaß der Hundehaltung reglementieren. Dies wird aber durch nicht gemeldete Tiere umgangen, und wohl kaum einer, der unbedingt einen oder mehrere Hunde halten will, läßt sich durch die Hundesteuer davon abhalten.

Für den zweiten und jeden weiteren Hund wird übrigens ein erhöhter Steuersatz fällig, oft sogar das doppelte vom Ersthund. Für Züchter gibt es einen speziellen »Tarif«, auch für Wach-, Dienst- und Blindenhunde gibt es in der Regel Ermäßigungen oder Befreiungen. Aber nicht für jeden Schäferhund, der Haus und Garten bewacht, kann eine solche Ermäßigung beantragt werden; zu bewachende Objekte bzw. Ausbildungsstand des Hundes müssen hier schon bestimmte Kriterien erfüllen. Näheres erfahren Sie bei Ihrer Gemeindeverwaltung.

Nicht vorgeschrieben, aber dringend zu empfehlen ist der Abschluß einer **Hundehaftpflichtversicherung** bereits im Welpenalter. Wählen Sie eine möglichst hohe Deckungssumme, auch wenn die jährliche Zahlungsrate damit ein paar Mark teurer wird. Selbst ein kleiner Welpe kann unter ungünstigen Umständen Schäden in beträchtlicher Höhe verursachen (denken Sie nur an einen durch den Hund provozierten Verkehrsunfall, bei dem ein Lastwagen mit teurer Fracht oder ein Linienbus beteiligt ist). Auch bei Hunderaufereien, die immer mal wieder vorkommen können, summiert sich eine evtl. tierärztliche Behandlung des Kontrahenten oft ganz erheblich. Oder der helle Kaschmirmantel der Bekannten wird beim überschwenglichen Hochspringen ruiniert...

Sie sehen, es gibt viele, viele Situationen, in denen Ihr Hund durch unvorhersehbares Verhalten einiges an Kosten verursachen kann.

Auch eine **Mitgliedschaft im Verein** für Deutsche Schäferhunde e.V. (SV) ist etwas, worüber Sie sich einmal Gedanken machen sollten. Wenn Sie mit Ihrem Hund züchten, ihn ausstellen oder sportliche Wettkämpfe mit ihm bestreiten wollen, ist der Vereinsbeitritt meist obligatorisch. Die Ortsgruppen des SV veranstalten Ausbildungs- und Agility-Kurse, Welpenspieltage, Prüfungen etc. Fachkundige Ausbildungs- und Zuchtwarte sind jederzeit kompetente Ansprechpartner für Sie. Alle diese Leistungsangebote sowie Informationen rund um den SV und den Schäferhund erhalten Sie außerdem in der monatlich erscheinenden SV-Zeitung.

▸ Züchterwahl

FAMILIEN- ODER SPORTHUND? ▸ Soll Ihr Hund nur treuer Familienbegleiter und Spielkamerad der Kinder sein, oder wollen Sie mit ihm Prüfungen ablegen und Wettbewerbe bestreiten? Diese Fragen unter dem Begriff »Züchterwahl« zu stellen, ist nicht so unpassend, wie Sie vielleicht zunächst denken könnten, da es ganz unterschiedliche »Linien« in der Schäferhundzucht gibt. Der eine Züchter richtet sein Augenmerk bei der Zuchtpartnerwahl vermehrt auf Leistungsfähigkeit, ein anderer möchte eher schöne Familien- und Ausstellungshunde züchten.

Natürlich soll der ideale Deutsche Schäferhund beides in sich vereinigen, doch in der Praxis sieht es so aus, daß vom einen bis zum anderen Extrem alle »Zuchtziele« vertreten sind.

Für einen Anfänger in Sachen Schäferhund, der vor allem einen Hund für seine Kinder und gemeinsame Familienausflüge möchte, kommt eher kein Hund aus einer reinen Leistungslinie in Frage; ein ausgesprochener Hundesportler, der höhere Ausbildungsgrade anstrebt, ist möglicherweise mit einem Tier aus reiner Schönheitszucht nicht so gut beraten (muß aber nicht sein!).

Beim Schäferhund ist die Aufspaltung der Rasse in Leistungs- und Ausstellungstiere noch nicht so weit fortgeschritten wie bei manch anderen Rassen; die Bestrebungen des SV gehen vor allem in letzter Zeit auch dahin, diese Tendenz nicht noch weiter voranzutreiben.

Trotzdem tun Sie gut daran, dem Züchter als erstes zu schildern, was Ihr Hund für eine Aufgabe übernehmen soll. Jeder seriöse Züchter möchte seine Welpen optimal untergebracht wissen und wird Ihnen auch einmal von seinen Hunden abraten, wenn er das Gefühl hat, daß Sie und der Welpe nicht zusammenpassen werden.

DER RICHTIGE ZÜCHTER ▶ Am besten erkundigen Sie sich beim SV nach Züchtern in Ihrer Nähe. Besuchen Sie ruhig einige Züchter (natürlich nach

Noch lassen sich die Schäferhund-Babys »auf den Arm nehmen« – spätestens in vier Monaten stehen sie auf eigenen Beinen.

telefonischer Voranmeldung!), auch wenn diese gerade keine Welpen haben, um sich ein Bild von ihnen und ihren Zuchthunden zu machen. Auch in der nächsten Ortsgruppe des SV können Sie Kontakte knüpfen.

Falls in Ihrer Nähe keine Schäferhundzüchter sind, die »Ihren« Hund haben, fahren Sie ruhig auch ein paar Kilometer weiter. Einen Hund kauft man nicht, bloß weil es ihn »um die Ecke« gibt.

Sie sollten auf die Anlagen des Züchters achten: Leben seine Hunde ausschließlich im Zwinger, oder haben sie auch Familienanschluß im Haus? Sind die Zwinger sauber, die Hunde gepflegt? Reagieren die erwachsenen Tiere unbefangen, die Welpen freudig auf bekannte und fremde Menschen? Sind auch ältere Tiere da, die ihr »Gnadenbrot« bekommen? Der menschliche Eindruck, den Sie vom Züchter haben, sollte letztendlich auch stimmen. Ebenso müssen Sie ihm aber auch das Recht zugestehen, ja sogar von ihm erwarten, daß er Ihnen zum Teil recht persönliche Fragen nach Beruf, Familienstand etc. stellt, denn er möchte seine Hunde ja auch nicht einem Fremden anvertrauen.

Natürlich können Sie auch in der monatlich erscheinenden SV-Zeitung nach Züchteranzeigen schauen oder sogar selbst eine mit Ihren gezielten Vorstellungen aufgeben. Oft lesen sich die Annoncen der SV-Zeitung wie Fachchinesisch; die geläufigsten Abkürzungen finden Sie rechts erklärt.

DER SCHÄFERHUND OHNE AHNENTAFEL ▸ In Tageszeitungen werden oft reinrassige Schäferhundwelpen ohne Papiere angeboten, meist sind dies ungeplante Würfe von Hündinnen in Privatbesitz, es können sich aber auch gewerbliche Hundehändler oder -vermehrer dahinter verbergen, die mit dem Verkauf ihrer Hunde auf die »schnelle Mark« hoffen. Lebt die Mutterhündin mit im Haus, ist sie freundlich und unbefangen, oder bekommen Sie sie evtl. bei Ihrem Besuch überhaupt nicht zu Gesicht? Werden die Welpen aus einem anderen Zimmer herbeigeschafft, sind sie ängstlich oder wirken sie ungepflegt? Unter solchen Umständen sollten Sie keinen Hund nehmen, auch wenn er sehr billig oder gar umsonst zu haben ist.

Anzeigen verstehen

3,3: 3 Rüden, 3 Hündinnen; die Anzahl der Rüden in einem Wurf steht vor dem Komma, die der Hündinnen danach
WT: Wurftag, das Geburtsdatum der Welpen
Kkl.: Körklasse (zu verstehen als »Güteklasse« eines Hundes)
BH: Begleithundprüfung
FH: Fährtenhundprüfung
SchH: Schutzhundprüfung
Weitere Abkürzungen und deren Bedeutung entnehmen Sie dem Lexikon (S. 110)

Auch Schäferhunde mit anderen als SV-Ahnentafeln sollte man, wenn überhaupt, nur nach äußerst kritischer Prüfung der Zuchtstätte erwerben. Oft stecken hier dubiose »Dissidenzvereine« hinter den so nobel klingenden Papieren, die Angaben sind oft unrichtig, der Gesundheitszustand der Welpen oft schlecht, v.a., wenn sie aus dem östlichen Ausland importiert

Vor allem während des Zahnwechsels sind Kauspielzeuge wichtig.

wurden, was leider in letzter Zeit vermehrt der Fall ist.

Eine sorgfältige Züchterauswahl erspart Ihnen im Zweifelsfall eine Menge Ärger und Leid; ein paar Mark mehr bei der Anschaffung rechnen sich oft auf lange Sicht durchaus.

Sogenannte »Schnäppchen« beim Hundekauf gibt es nicht! Bitten Sie Züchter Ihrer Wahl auch, Ihnen Kontakte zu Besitzern ihrer Hunde zu vermitteln, um noch mehr Tiere aus ihrer Zucht kennenzulernen.

ZUCHTSTÄTTE ▸ Wie bereits erwähnt, sind die Zuchtanlagen das Aushängeschild eines Züchters. Er wird großen Wert darauf legen, einen guten ersten Eindruck zu hinterlassen. Keinesfalls sollten sich die Welpen und ihre Mutter in dunklen, muffigen Verschlägen oder gar Ställen aufhalten. Lassen Sie sich beim Welpenkauf nicht von Mitleid leiten, Sie würden es mit Sicherheit bald bitter bereuen. Saubere, helle, großzügige und abwechslungsreich gestaltete Ausläufe sprechen für den ernsthaften Züchter. Die Hunde sollten zumindest zeitweise mit ins Haus genommen werden und sich sowohl drinnen als auch im Freien unbefangen und frei bewegen.

ELTERNTIERE ▸ Zumindest die Mutterhündin sollten Sie auf jeden Fall antreffen, vom Vater werden Sie in den meisten Fällen nur Fotos oder Videoaufnahmen zu sehen bekommen. Natürlich zeigt sich eine Hündin wenige Wochen nach der Geburt anders als auf dem Höhepunkt einer Ausstellungskarriere: das Fell kann dünner, das Gesäuge ausgeprägter aussehen. Trotzdem sollte sie fit und lebhaft wirken, ihren Besitzer freudig und Sie zumindest nicht aggressiv begrüßen. Der

Verteidigungstrieb kann auch eine sonst tolerante Mutterhündin etwas ungenießbarer machen, im Idealfall aber sollte sie es gelassen hinnehmen, wenn Sie mit den Welpen spielen und diese hochnehmen.

Natürlich sollten beide Elterntiere möglichst frei von Hüftgelenksdysplasie sein, fragen Sie den Züchter nach den Befunden. Wesen und Gesundheit sind nicht ausschließlich umweltbedingt, sondern zum großen Teil auch genetisch, das heißt erblich, bedingt. Kranke oder ängstliche Elterntiere werden eher kranke oder ängstliche Welpen zeugen als gesunde und ausgeglichene Tiere. Die Hündin kann ihr ängstliches Wesen sogar doppelt an die Welpen weitergeben: durch Vererbung und durch Erziehung. Sehen Sie sich die Mutter Ihres zukünftigen Hundes also genau an, bevor Sie eine Entscheidung treffen!

▶ Welpenwahl

VERHALTEN ▶ Sehr oft erbitten sich Welpeninteressenten das Recht der ersten Wahl; Sie sollten sich jedoch vom Züchter, der in der Regel mehr Erfahrung als Sie hat und seine Welpen besser kennt, beraten lassen. Oft ist es »Liebe auf den ersten Blick« für beide Seiten, hören Sie aber trotzdem auch auf den Rat des Züchters! Ein Welpe, der schüchtern im Eckchen bleibt, wird vielleicht ein ängstlicher Hund werden; der mutige Draufgänger, der sich sofort auf Ihre Schnürsenkel stürzt, wird wahrscheinlich auch im späteren Leben ein mutiges, vielleicht zur Dominanz neigendes Tier sein. Der Welpe sollte nicht vor Ihrer Hand zurückweichen, sondern neugierig und aufgeschlossen auf Sie zugehen.

AUSSEHEN ▶ Im Alter von wenigen Wochen kann man noch relativ wenig über das Aussehen der erwachsenen Tiere sagen; auch hier sollten Sie sich auf das Urteil des Züchters verlassen, der zumindest in einigen Punkten auf seine Erfahrung zurückgreifen kann. Wollen Sie mit dem Hund Ausstellungen besuchen und züchten? Auf keinen Fall kommt dann ein Langhaar- oder Langstockhaarschäferhund in Frage, da diese von der Bewertung und der Zucht ausgeschlossen sind. Dies ist eines der wenigen Merkmale, die man bereits im Welpenalter erkennen kann. Auch ob der Hund grau oder schwarz mit Abzeichen wird, läßt sich bereits vorhersagen. Weiße Deutsche Schäferhunde sind ebenfalls von Ausstellung und Zucht innerhalb des SV ausgeschlossen, als Familienhunde geben sie natürlich genausogute Gefährten ab wie die farbigen.

Natürlich sollten die Kleinen sauber und frei von Schuppen und Krusten sein sowie klare, saubere Augen und Nasen haben. Der After sollte nicht verschmiert sein und selbstverständlich stinken die kleinen Schäferhunde nicht. Die Bäuchlein sind fest, außer direkt nach einer Mahlzeit sind sie aber nicht prall. Im Abgabealter von 8 bis 12 Wochen haben die kleinen Schäferhunde fast immer noch Kippohren, diese stellen sich meist bis zum Alter von 6 Monaten auf.
Je größer und »schlabbriger« die Ohren eines Welpen sind, desto größer ist die Gefahr, daß sie sich nicht ganz stellen. Dies würde eine Karriere als Ausstellungs- und Zuchthund ausschließen. Ohrenfehler sind aber beim Schäferhund eher selten.

Sorgfältig aufgezogen und mit Liebe erzogen, ist der Schäferhund seinem Besitzer ein Leben lang ein treuer Begleiter.

PAPIERE ▸ Beim Kauf eines reinrassigen Schäferhundwelpen vom Züchter sollten Sie bei der Abholung die Ahnentafel sowie den Impfpaß erhalten. Unter Umständen wird Ihnen der Züchter die Ahnentafel nachreichen müssen, da die Fertigstellung beim Zuchtbuchamt etwas Zeit in Anspruch nehmen kann; lassen Sie sich dies aber auf jeden Fall schriftlich geben. Der Welpe sollte mit acht Wochen den ersten Teil der Grundimmunisierung bereits bekommen haben, die Auffrischimpfung im Alter von 12 Wochen läßt dann in der Regel der neue Besitzer durchführen.

Es gibt innerhalb des SV zwei Arten von Ahnentafeln, und zwar »rote Papiere« und »weiße Papiere«. Welpen mit roten Papieren stammen aus besonders ausgewählten Elterntieren, die eine Reihe von Prüfungen bestanden haben, u.a. mindestens eine SchH1-Prüfung und eine Ausdauerprüfung. Sie sind zudem angekört und haben einen HD-Befund, der zumindest auf »noch zugelassen« lautet. Bei weißen Papieren haben die Eltern die Mindestanforderungen zur Zuchtzulassung erfüllt.

TIP

Bei einem Welpen mit roten SV-Papieren erwerben Sie mit größtmöglicher Wahrscheinlichkeit ein Tier, das aus wesensmäßig, gesundheitlich und nach Schönheitskriterien ausgewählten Elterntieren stammt.

Ebenfalls ausgehändigt werden sollte Ihnen beim Verkauf ein Kaufvertrag, der zugleich als Quittung dient. Lassen Sie sich vorsorglich vom SV oder vom VDH (Adressen S. 117) einen Musterkaufvertrag zusenden, und bringen Sie ihn in doppelter Ausfertigung mit zum Züchter, für den Fall, daß dieser nicht daran denken sollte. Der Welpe sollte im rechten Ohr tätowiert sein, diese Nummer muß in der Ahnentafel sowie im Impfpaß eingetragen sein; überprüfen Sie die Übereinstimmung dieser Nummern.

FÜTTERUNGSHINWEISE ▸ Viele Züchter geben den Welpenkäufern einen Fütterungsplan mit, oft auch einen kleinen Vorrat des gewohnten Futtermittels, damit es nicht zu Verdauungsproblemen durch eine abrupte Futterumstellung kommt. Erkundigen Sie sich aber trotzdem ruhig bei Ihrem ersten Tierarztbesuch, ob Sie die Fütterung noch »optimieren« können, da Welpen, vor allem großwüchsiger Rassen, vielfach zu energiereich aufgezogen werden. Hierdurch werden unter Umständen Fehlentwicklungen des Bewegungsapparates begünstigt.

Grundausstattung

Was Sie sich vor Abholung des Welpen zulegen sollten, sind Halsband und Leine, Futtergeschirr, evtl. ein Hundekorb oder -bett sowie Futter für die ersten Tage, vorzugsweise das gleiche, das bereits vom Züchter gegeben wurde. Halsband und Leine sollten aus weichem Leder oder aus Nylon sein, Metallketten sind noch nichts für Welpen. Hier dürfen Sie ruhig sparen, das Schäferhundbaby wird ohnehin in kurzer Zeit herausgewachsen sein. Auch eine weiche Hundebürste sollten Sie sich zulegen, um den Welpen schon rechtzeitig an die notwendige Körperpflege zu gewöhnen.

Mit diesen wenigen Gegenständen sind Sie ausreichend für die ersten Tage mit Ihrem neuen Hund vorbereitet, alles weitere schaffen Sie sich am besten nach und nach an.

Die Grundausstattung

- Halsband und Leine aus Leder oder Nylon
- Freß- und Trinknapf
- Hundekorb oder -bett
- Hundebürste mit weichen Naturborsten
- Futter für die nächsten Tage (vom Züchter empfehlen lassen)

Abholen

Bevor Sie den Welpen abholen, sollten Sie ihn, wenn dies möglich ist, mehrmals besuchen, um sich bereits etwas mit ihm vertraut zu machen. Für den kleinen Kerl wird es dann nicht ganz so schwer sein, wenn Sie ihn endgültig in sein neues Zuhause mitnehmen. Vereinbaren Sie mit dem Züchter einen Termin, der Ihnen beiden angenehm ist. Gut ist meist ein Freitag oder Samstag, damit man ein paar Tage Zeit hat, den Welpen einzugewöhnen, außerdem ist der Kopf dann meist freier von beruflichen Belastungen.

TIP

Absolut abzulehnen ist in jedem Fall die Zusendung von Hunden, ob Welpe oder erwachsenes Tier, mit der Frachtpost. Keine Umstände würden diese Tierquälerei rechtfertigen. Sollte Ihnen ein Züchter dies je anbieten, so verzichten Sie besser ganz auf einen Hund aus seiner Zucht.

DIE AUTOFAHRT ▸ Unter Umständen ist die Autofahrt in sein neues Zuhause die erste überhaupt im Leben Ihres Welpen, sie sollte also möglichst nicht zu einem traumatischen Erlebnis für ihn werden. Holen Sie den Welpen immer zu zweit ab, damit sich der Beifahrer ganz auf den Hund konzentrieren kann. Müssen Sie aus irgendeinem Grund allein fahren, so besorgen Sie sich rechtzeitig eine Transportbox, damit der Welpe während der Fahrt sicher untergebracht ist. Die Ladefläche des Kombis alleine ist nicht geeignet, da der Welpe noch nicht gelernt hat, in Kurven sein Gleichgewicht zu halten, und so ziemlich schnell umpurzeln würde.

Idealerweise wohnt Ihr Züchter in Ihrer Nähe, und die Autofahrt dauert nur kurz. Ist die Entfernung allerdings größer, so sollten Sie dem kleinen Kerl bei regelmäßigen »Pinkelpausen« die Möglichkeit geben, sich zu lösen und etwas Wasser zu trinken. Lassen Sie ihn bei solchen Rasten nie ohne Leine herumlaufen. Wird der Welpe durch ungewohnte Geräusche oder Gegenstände (z.B. Laster auf dem Rastplatz) erschreckt, so kann dies bei einem unangeleinten Hund schnell zu einer Katastrophe führen.

Nehmen Sie ausreichend Küchenkrepp mit, evtl. wird der kleine Hund erbrechen oder hält einfach nicht bis zur nächsten Pause durch. Selbstverständlich rauchen Sie im Auto nicht, auch allzu laute Musik sollten Sie dem Hund nicht zumuten.

▸ Ankunft im neuen Heim

DIE ERSTE STUNDE ▸ Lassen Sie den Kleinen erst einmal ganz in Ruhe seine Umgebung erkunden, halten Sie vielleicht auch die Kinder davon ab, sich gleich auf den Welpen zu stürzen. Besucher, Nachbarn und andere neugierige »Zaungäste« sollten Sie auf die nächsten Tage vertrösten, damit nicht zu viele Eindrücke auf Ihren neuen Hund einstürmen. Auch andere Haustiere sollten behutsam nach und nach mit ihrem zukünftigen Hausgenossen bekanntgemacht werden. Legen Sie sich auf jeden Fall einen Vorrat an Küchenkrepp zurecht, um erste Pfützen und Häufchen zu entfernen.

Für die sichere Unterbringung während der Fahrt eignet sich eine Autobox.

> **TIP**
>
> *Ist der Welpe noch nicht vollständig geimpft, so sollte man mit allzu intensiven Hundekontakten zuerst ein wenig zurückhaltend sein. Durch die Fahrt und die neue Umgebung ist der Welpe natürlich etwas gestreßt, was sich unter Umständen in einer herabgesetzten Immunabwehr und einem somit erhöhten Ansteckungsrisiko auswirken kann.*

Die täglichen Mahlzeiten

Alter	*Anzahl der Fütterungen*	*Erste Fütterung*	*Letzte Fütterung*
2. Monat	5 – 6	7 Uhr	19 Uhr
3. Monat	3 – 4	7 Uhr	19 Uhr
4./5. Monat	2 – 3	8 Uhr	18 Uhr
6./7. Monat	2	9 Uhr	18 Uhr
8. – 12. Monat	2	9 Uhr	18 Uhr
ab 13. Monat	1 – 2	13 Uhr	18 Uhr

DER FRESSPLATZ ▸ Gewöhnen Sie Ihren Hund von klein auf an einen festen Freßplatz. Dies ist vor allem wichtig, um ihm das Betteln bei Tisch gar nicht erst anzugewöhnen. Der Welpe bekommt sein Futter in seinem Napf; sollte er je etwas von unseren Mahlzeiten bekommen (z.B. gekochten Reis oder Nudeln mit etwas ungewürztem Gemüse oder Fleisch), so geben Sie es ebenfalls in seine Schüssel.

Wo der Futterplatz sein soll, entscheiden Sie am besten schon, bevor der Hund einzieht. Die Küche bietet sich natürlich an, allein schon wegen des meist pflegeleichten Fußbodens. Viele Hundebesitzer unterlegen die Näpfe zusätzlich noch mit Plastikuntersetzern.

Leben Sie in einem Einfamilienhaus mit Garten, so könnte die Fütterung im (überdachten) Freien stattfinden. Hierbei müssen Sie im Sommer besonders auf die Gefahr durch Wespenstiche achten.

Frisches Wasser sollte dem Hund jederzeit zur Verfügung stehen. Gefüttert wird der Welpe je nach Alter mehrmals täglich. Nicht aufgefressenes Futter sollten Sie wegräumen, teils aus Hygienegründen, teils um den Hund nicht zu einem mäkligen Fresser zu erziehen. Die Futter- und Wassernäpfe wählen Sie am besten aus schwerem Material (z.B. Steingut), um ein Hin- und Herschieben oder gar ein Umwerfen zu verhindern. Plastiknäpfe sind zwar billiger, Sie werden aber oft zernagt. Geeignet sind sie hingegen als »Reisenäpfe«, da sie leicht und einfach sauberzuhalten sind.

DER SCHLAFPLATZ ▸ Auch hier gilt: Überlegen Sie sich bereits vor der Ankunft des Welpen, wo sein Schlafplatz sein soll. Eine gültige »Regel« gibt es hierbei nicht, manche Schäferhunde schlafen vor dem Bett ihrer Besitzer, andere im Hausflur; es gibt bestimmt auch welche, die im Bett schlafen. Dies würde ich aus hygienischen, aber auch aus Bequemlichkeitsgründen strikt ablehnen. Fangen Sie erst einmal an, den weinenden Welpen ins Bett zu lassen, so wird es unter Umständen recht schwierig, ihm diesen gemütlichen Schlafplatz wieder auszureden.

Meist genügen wenige Nächte, um den Welpen an seinen Platz zu gewöhnen. Auch tagsüber ist der »Hundeplatz« das Ruhelager des Hundes, dorthin muß er sich nach Möglichkeit zurückziehen können, um ungestört zu sein. Auf der anderen Seite soll er aber auch das Geschehen im Haus oder der Wohnung verfolgen können. Das Hundelager sollte am besten aus einer nicht zu weichen, aber auch nicht zu rauhen Unterlage bestehen. Eine Decke, besser noch eine harte, dünne Matratze eignen sich beispielsweise. Es gibt im Fachhandel auch spezielle Hundebetten; hier sind Geschmack und Geldbeutel keine Grenzen gesetzt.

Ich persönlich halte es für wichtig, daß der Hund auch nachts bei seinem »Rudel« im Haus ist. Viele Schäferhunde verbringen die Nacht im Freien, entweder im Zwinger oder im umzäunten Garten. Man mag dies mit ihrer Funktion als Wachhund rechtfertigen, sollte aber nicht vergessen, daß der Hund auf diese Weise auch leichter vergiftet, gestohlen oder sonstwie durch Fremde beeinträchtigt werden kann. Daher empfehle ich Ihnen, den Hund nachts im Haus zu halten.

▸ Die erste Nacht

In der ersten Nacht beim neuen Besitzer können sich die Welpen ganz unterschiedlich verhalten: Manche schlafen von den Strapazen des Tages erschöpft ein, ohne mit der Wimper zu zucken. Andere wiederum weinen laut auf der Suche nach der Mutter und den Geschwistern. Manchmal bewährt es sich, ein Stück Stoff oder ein Tuch vom Züchter mitzunehmen, das dort einige Zeit im Welpenlager gelegen hatte.

Auch wenn es Ihnen schwerfällt: lassen Sie den Welpen nicht in Ihr Bett, wenn Sie dies grundsätzlich nicht wollen, sonst wird sich diese Prozedur mit einiger Wahrscheinlichkeit jede Nacht wiederholen.

Seien Sie darauf gefaßt, mehrmals in der Nacht mit dem Welpen rauszugehen. Meist finden sich aber doch am nächsten Morgen kleine Pfützchen oder Häufchen. Schimpfen Sie den Welpen nicht, auch wenn sich dies noch einige weitere Nächte wiederholt.

▸ Stubenreinheit

WANN NACH DRAUSSEN? ▸ Ist der Welpe beim Züchter in einem Zwinger großgeworden, so fangen Sie mit Ihrer Erziehung zur Stubenreinheit quasi bei Null an. Lebte der Welpe mit seinen Geschwistern hingegen im Haus, so kann es durchaus sein, daß bereits Ansätze einer Stubenreinheit vorhanden sind. Beobachten Sie den Welpen genau: Beginnt er zu winseln, läuft er unruhig umher? Meist steht dann ein Geschäftchen kurz bevor. Hat er sich bereits hingehockt, so ist es schon zu spät. Ihn jetzt noch hektisch hochzureißen, bringt außer verschmutzter Kleidung oft nichts mehr. Im Extremfall sucht er sich beim nächsten Mal ein ruhigeres Fleckchen.

TIP

Stoßen Sie Ihren Welpen nie mit der Nase in seine Ausscheidungen, er würde doch nicht verstehen, warum Sie das tun. Reagieren Sie lieber beim nächsten Mal früher und bringen Sie ihn hinaus, bevor er sich löst; auf jeden Fall aber nach dem Fressen und nach dem Aufwachen.

Besser ist es, wenn Sie in regelmäßigen Abständen mit ihm hinausgehen, am besten, wenn er gefressen hat und wenn er aufwacht. Bringen Sie ihn draußen gezielt an die Stellen, die er

Auf freiem Feld kein Problem, im eigenen Garten allerdings ein Ärgernis: das Löcher-Graben.

auch später aufsuchen soll, also nicht gerade mitten auf den Rasen oder auf den Gehweg. Hat er Urin oder Kot abgesetzt, so loben Sie ihn mit freundlicher, ruhiger Stimme.

DER GARTEN ▶ Haben Sie einen eigenen Garten, so überlegen Sie sich, ob Ihr Hund dort einen Löseplatz haben soll. Geeignete Stellen wären entlegene Ecken im Gebüsch oder nahe am Zaun/der Hecke. Die Vorteile sind, daß man den Hund bei Bedarf einfach nur schnell zur Tür hinauslassen muß, Nachteile sind natürlich fehlplazierte Häufchen, in die man unter Umständen hineintritt, sowie eine eventuelle »Reinfektion« mit Parasiten: Manche Hunde haben trotz Entwurmungen immer wieder Darmschmarotzer wie Würmer oder Kokzidien, und oft infizieren Sie sich an Ihren eigenen Hinterlassenschaften.

Hat Ihr Hund also eine eigene Toilette im Garten, so sollten Sie die Häufchen auch im eigenen Interesse gelegentlich beseitigen.

DIE STRASSE ▶ Mit einem Hund, der in der Öffentlichkeit einen guten Eindruck hinterläßt, machen Sie Werbung für alle Hunde, was in der heutigen Zeit von großer Wichtigkeit ist. Lassen Sie Ihren Welpen vom ersten Tag an nicht auf Gehwege, Fahrradwege oder öffentliche Grünflächen machen. Selbst eingefleischte Hundeliebhaber ärgern sich maßlos, wenn sie in einen Hundehaufen treten, und dies meiner Ansicht nach zu Recht.

Setzen Sie den Welpen zum Beispiel gezielt unter einen Busch oder an sonstige abgelegene Stellen, die von Menschen nicht begangen werden. Ganz abgesehen von der Wahl des richtigen »Örtchens« ist ein Schäferhund mitten in der Großstadtwüste vielleicht auch nicht ganz am richtigen Platz, denn neben seinem Bewegungsdrang sind auch seine Kothaufen recht groß.

In eher ländlicher Umgebung haben Sie es natürlich auch in dieser Hinsicht leichter: Über einen Hundehaufen neben dem Feldweg oder im Wald mokieren sich bestimmt nicht viele Mitmenschen.

Auch wenn es Ihnen unangenehm ist: Vielleicht können Sie es sich angewöhnen, zumindest in der Stadt einen Plastikbeutel mitzunehmen und die Hinterlassenschaft Ihres Hundes direkt zu entsorgen? Mit Sicherheit ernten Sie so eher Wohlwollen, als wenn Sie achtlos weitergehen und das Ärgernis auf der Straße liegenlassen.

Rüden beginnen mit Eintritt der Geschlechtsreife, ihr Bein an senkrechten Gegenständen oder Flächen zu heben. Auch dies kann zu so manchem Streit führen, vor allem wenn es sich um bepinkelte Autos, Fahrräder oder Ladeneingänge handelt.

Sicherheit für den Welpen

- [ ] Sind alle Treppenauf- und -abgänge gesichert?
- [ ] Sind wertvolle Teppiche und Gegenstände bis auf weiteres weggeräumt?
- [ ] Sind die Stromkabel ausreichend isoliert bzw. unerreichbar?
- [ ] Sind giftige Zimmerpflanzen entfernt?
- [ ] Sind alle Chemikalien, Haushaltsreiniger und Medikamente sicher verstaut?
- [ ] Sind Schächte oder Gruben abgedeckt?

▸ Gefahrenquellen

IM HAUS ▸ Gerade ein tolpatschiger, verspielter Welpe sollte in der ersten Zeit nie ganz unbeaufsichtigt durch Haus und Garten streifen. Abgesehen von lebensgefährlichen Situationen kann er so allerhand Unfug treiben. Räumen Sie, am besten schon bevor der Welpe einzieht, teure Teppiche, kostbare Antiquitäten und Bodenvasen aus seiner Reichweite. Auch Schuhe, die Sie noch weiter tragen möchten, sollten Sie immer sorgfältig verstauen.

Gefährlich können dem Schäferhundbaby Stromkabel werden, z.B. von Stehlampen oder vom Fernseher. Beim spielerischen Hineinbeißen erleidet er unter Umständen einen tödlichen Stromschlag. Auch Treppen, v.a. mit offenen Stufen, sind nicht ungefährlich; am besten sichern Sie die Auf- und Abgänge mit einem Gatter.

IM GARTEN ▸ Sollten Sie der glückliche Eigentümer eines Schwimmbades oder auch eines steilwandigen Gartenteiches sein, so machen Sie auch diese unbedingt hundesicher! In der Regel können Hunde von Natur aus schwimmen, nur sterben die meisten Tiere doch vor Erschöpfung bei dem Versuch, wieder aus dem Becken herauszukommen.

Im Garten werden Welpen von frisch bepflanzten Beeten scheinbar magisch angezogen, oft ruhen sie nicht eher, bis auch der letzte mühsam gepflanzte Strauch wieder aus dem Erdreich gezogen ist. Am besten verzichten

Sie Ihren Nerven und Ihrem Geldbeutel zuliebe im ersten Jahr auf kunstvolle Arrangements im Blumenbeet.

Schließlich gibt es einige nicht ungefährliche Pflanzen in Haus und Garten, die der Welpe in seiner kindlichen Neugier benagen könnte und die in manchen Fällen zu schwerwiegenden Vergiftungserscheinungen führen können.

Häufige Giftpflanzen

Oleander
Eibe
Chrysantheme
Stechpalme
Hortensie
Liguster
Weihnachtsstern

Sozialisierung

In der Verhaltensforschung bezeichnet man so die »soziale Ausformung eines heranwachsenden Individuums in seinen Interaktionen mit Artgenossen«. Im weiteren Sinne sind hierunter auch Nicht-Artgenossen, also Menschen und andere Tiere zu verstehen. Die Sozialisierung sollte von der 5. bis 12. Lebenswoche des Welpen erfolgen. In dieser Phase ist der Welpe besonders empfänglich für entsprechende Erfahrungen, jetzt sollten verstärkt positive Erfahrungen gemacht und schlechte vermieden werden. Der umsichtige Züchter wird seine Welpen bereits ab der 5. Woche gezielt und unter Aufsicht mit Kindern und anderen Tieren zusammenbringen. Natürlich ist es wichtig, daß der Welpe vor allem in diesem Zeitraum (5. bis 12. Woche) keine trau-

Friedliches Nebeneinander mit Esel und Katze – für den Schäferhund kein Problem

matischen Erfahrungen macht, die ihn unter Umständen für sein weiteres Verhalten im Umgang mit anderen Hunden oder auch Menschen negativ beeinflussen. Aber auch das Gegenteil, die absolute Abschirmung von allen anderen Lebewesen, kann einen schlechten Einfluß haben: Oft bleiben Hunde, die in ihrer Sozialisierungsphase zu wenige Erfahrungen gemacht haben, ein ganzes Leben lang ängstlich.

TIP

Bringen Sie Ihren Welpen vor allem in der Sozialisierungsphase von der 5. bis zur 12. Woche viel mit freundlichen Hunden, Kindern und auch anderen Tieren zusammen. Vermeiden Sie Konfrontationen mit offensichtlich aggressiven Hunden oder zu groben Kindern.

Bei entsprechender Erziehung bleiben Schäferhunde ihr Leben lang kinderlieb.

Kinder

Haben Sie selbst Kinder, so beziehen Sie diese selbstverständlich in die Pflege und Sozialisierung des Welpen mit ein. Größere Kinder können bereits kleine Aufgaben rund um den Hund übernehmen, kleine Kinder dürfen natürlich auch (unter Aufsicht!) mit dem Welpen spielen. Nie sollten Sie Hund und Kinder ganz alleine lassen. Die Kinder könnten zu grob mit dem Hund werden, auch wenn die Welpengeschwister nicht immer zimperlich miteinander umgehen. Auf der anderen Seite kann ein stürmischer Hund einem ängstlichen Kind auch Angst einflößen, also dämpfen Sie in der ersten Zeit allzu enthusiastische Spiele auf beiden Seiten.

Der Welpe muß lernen, daß die menschliche Haut sehr empfindlich ist und er im Spiel nicht zu fest zuzwicken darf. Weiterhin muß der heranwachsende Hund lernen, daß er in der Rangordnung ganz unten steht; im Gegenzug muß man den Kindern klarmachen, daß der Freßnapf und der Schlafplatz des Hundes tabu sind, solange der Hund frißt oder schläft. Auch sonst absolut gutmütige Schäferhunde reagieren oft mit einem Warnschnappen, wenn sich die Kinderhand der gefüllten Futterschüssel nähert.

Oft unterscheiden Hunde sehr wohl zwischen fremden und eigenen Kindern, sie ergreifen unter Umständen bei Streitereien die Partei ihres kleinen Freundes und verteidigen ihn gegen potentielle Angreifer. Auch aus diesem Grund sollte man jüngere Kinder nicht alleine mit dem Hund losschicken, er nimmt seine Aufgabe als Beschützer

Wichtig für ein intaktes Sozialverhalten ist der frühzeitige und häufige Kontakt zu anderen Hunden.

seiner Familie unter Umständen auch einmal zu ernst.

Haben Sie keine eigenen Kinder, so lassen Sie in der ersten Zeit keine Gelegenheit aus, Ihren Hund mit Kindern aller Altersstufen zusammenzubringen. Fragen Sie ruhig einmal im nächsten Kindergarten nach, ob Sie mit dem Welpen vorbeikommen dürfen; besuchen Sie Freunde und Bekannte mit Kindern, oder laden Sie diese zu sich nach Hause ein. Erklären Sie den Kindern, daß sie ruhig und freundlich auf den Hund zugehen müssen. Ein Schäferhund, der ungehalten oder gar feindselig auf Kinder reagiert, ist kein gutes Aushängeschild für seine Rasse und seine Art, zudem kann eine unverhoffte Begegnung mit Kindern schnell zu einer brenzligen Situation führen. Ein kinderlieber Schäferhund hingegen wird ein Stück zur Erhaltung und Pflege seines guten Rufes beitragen.

▸ Andere Hunde

Äußerst wichtig ist es auch, daß sich der Schäferhund im Umgang mit anderen Hunden übt. Nichts ist ärgerlicher als ein Hund, der aggressiv oder ängstlich auf andere Hunde reagiert. Natürlich wird man es einem potenten Schäferhundrüden nicht verbieten können, bei einer Begegnung mit einem anderen Hund Imponierverhalten zu zeigen. Begegnungen unter normalen, gut sozialisierten Hunden laufen aber in fast allen Fällen ohne ernsthafte Folgen ab, sie sind sogar im Gegenteil wichtig, um die Rangfolge in der Hundenachbarschaft zu klären und weitere oder schlimmere Streitigkeiten in Zukunft zu vermeiden.

Suchen Sie Welpenspielgruppen auf, gehen Sie auf Hundewiesen und suchen Sie soviel Kontakt zu verhaltenssicheren Hunden wie nur möglich. Das Bild des zwerghundefressenden

Schäferhundes hat sich in den Köpfen vieler Menschen festgesetzt; tragen Sie dazu bei, dies zu ändern! Verhindern Sie auf jeden Fall, daß Ihr Welpe von einem anderen Hund angegriffen oder gar gebissen wird, dies könnte tatsächlich dazu führen, daß er sich irgendwann »rächt«.

▸ Andere Tiere

Auch an andere Tiere muß der Schäferhundwelpe von seinem Besitzer frühzeitig und behutsam herangeführt werden. Je mehr verschiedene Tiere Ihr Hund kennenlernt, desto toleranter wird er ihnen gegenüber als Erwachsener sein. Der Schäferhund bringt alle Anlagen mit, um sich mit anderen Tieren gut zu verstehen: man sieht immer wieder rührende Bilder von Schäferhunden mit Katzen, Wellensittichen, Lämmern, Fohlen usw. Wenn Sie auf dem Land leben, ist es sehr wichtig, daß der Hund bald Bekanntschaft mit Schafen, Rindern, Pferden und Hühnern macht. Er muß lernen, daß er diese Tiere nicht jagen darf; immer wieder richten Hunde regelrechte Blutbäder unter kleineren Nutztieren an. Nehmen Sie den Welpen mit auf den Hühnerhof oder in ein Kaninchengehege. Aufkeimende Jagdtendenzen sollten Sie sofort unterbinden. Auch später sind wiederholte Gehorsamsübungen in unmittelbarer Nähe anderer Tiere keine schlechte Übung.

Auch wenn Sie in der Stadt wohnen, nehmen Sie den Hund zum Beispiel mit in den nächsten Reitstall, evtl. auch einmal zu einem Kleintierzüchterverein. Sicherlich sind andere Tierbesitzer kooperativ, denn es ist nicht zuletzt in ihrem Interesse, wenn der Schäferhund lernt, daß er andere Tiere respektieren muß.

In manchen Städten ist es erlaubt, Hunde mit in den Zoo zu nehmen. Tun Sie dies, selbst wenn Ihr Hund keinem Löwen oder Gnu in freier Wildbahn begegnen wird!

Auch das ist der Deutsche Schäferhund: liebevolles Spiel mit einer Katze.

Gesunde Ernährung

Gesunde Ernährung

In den letzten Jahrzehnten hat sich unsere Einstellung zum Hund als Heimtier nachhaltig verändert. Aus Nutztieren, die Haus und Hof bewachten oder Schafe hüteten, wurden geliebte Familienmitglieder. Im gleichen Maße haben sich auch die Anforderungen an die Ernährung verändert. Heute ist es undenkbar, einen Hund nur mit Abfällen zu füttern oder ihn gar alleine auf Futtersuche gehen zu lassen. Entsprechend hat sich die durchschnittliche Lebenserwartung unserer Hunde im Laufe der letzten Jahrzehnte entscheidend erhöht.

Es bieten sich heute prinzipiell zwei Möglichkeiten der Hundeernährung an: Selbstgekochtes oder Fertignahrung. Wichtig ist in jedem Fall, daß alle lebenswichtigen Nährstoffe in ausreichender Menge im Futter enthalten sind.

▸ Nahrungsbestandteile

In der Nahrung sind die verschiedenen Nährstoffe enthalten, die Hunde zum Leben brauchen. Diese Bausteine erfüllen verschiedene Aufgaben, jeder muß dem Körper in einer bestimmten Menge und alle im richtigen Verhältnis zueinander zugeführt werden. Außerdem sind die Ansprüche, was z.B. Energielieferanten und Mineralstoffe angeht, je nach Alter und Leistung des Tieres höchst unterschiedlich. Allein aus diesem Grund ist es oft gar nicht so leicht, mit Selbstgekochtem die »richtige Mischung« zu treffen.

WASSER ▸ Wasser ist der wichtigste Nahrungsbestandteil; ohne ihn geht der Organismus innerhalb kürzester Zeit zugrunde. Der Körper besteht zu 70% aus Wasser, er verliert jeden Tag Flüssigkeit, die wieder ersetzt werden muß. Außerdem ist Wasser für viele Stoffwechselvorgänge unerläßlich. Ein Napf mit frischem Wasser sollte immer bereitstehen. Kuhmilch als Getränk ist nicht empfehlenswert, da sie Durchfall hervorrufen kann.

EIWEISS ▸ Eiweiß oder Protein ist der Grundbaustein der Zellen. Vor allem Muskeln bestehen hauptsächlich aus Protein. Enthalten ist dieser Nährstoff deshalb vor allem in Fleisch und Fisch, aber auch manche Pflanzen, wie z.B. Soja, enthalten viel Eiweiß. Außerdem sind manche Milchprodukte, wie Magerquark und Hüttenkäse, geeignete Proteinlieferanten, vor allem im Rahmen einer Diäternährung. Der Proteinbedarf von Hunden ist übrigens nur ungefähr halb so hoch wie der von Katzen!

FETT ▸ Fett ist ein wichtiger Energielieferant. Außerdem sind bestimmte Vitamine »fettlöslich«, d.h., der Körper kann sie nur verwerten, wenn er gleichzeitig Fett aufnimmt. Bestimmte Fettsäuren sind wichtig für die Gesundheit von Haut und Fell.

TIP

Ein Zuviel an Fett bedeutet auch für unsere Tiere überflüssige Pfunde! Vermeiden Sie fetthaltige oder zuckerreiche Leckerbissen!

KOHLENHYDRATE ▸ Kohlenhydrate sind die »Brennstoffe« des Körpers, sie liefern Energie, die der Körper sehr schnell in Leistung umsetzen kann. Kohlenhydrate sind vor allem in Reis, Getreide, Nudeln und Zucker enthalten. Pflanzliche Kohlenhydrate sollten Sie kochen, damit sie vom Hund besser aufgeschlüsselt werden können.

MINERALSTOFFE ▸ Hierzu zählen unterschiedliche Substanzen, die in den verschiedenen Körperstrukturen vorhanden sind: Kalzium ist wichtiger Bestandteil der Knochen und Zähne, Phosphor findet sich im Muskel, Eisen in den roten Blutkörperchen. Viele Mangelerscheinungen sind auf eine Unterversorgung mit bestimmten Mineralstoffen, aber auch Vitaminen zurückzuführen. Das richtige Kalzium-Phosphor-Verhältnis spielt vor allem in der Welpenaufzucht eine große Rolle. Hier werden bei unsachgemäßer Ernährung häufig Fehler gemacht.

VITAMINE ▸ Vitamine sind maßgeblich an der Aufrechterhaltung vieler Stoffwechselvorgänge beteiligt. Vitamin A ist wichtig für die Sehkraft, B für die Nerven, D für die Knochen, E als Hautschutzvitamin und K für die Blutgerinnung. Nur Vitamin C muß von Hunden, anders als beim Menschen, nicht mit der Nahrung aufgenommen werden, da sie es selbst synthetisieren können.

BALLASTSTOFFE ▸ Die Anteile der Nahrung, die unverdaut wieder ausgeschieden werden, sind hauptsächlich in pflanzlicher Nahrung zu finden. Sie fördern, wie beim Menschen, die ge-

Wahrscheinlich macht er sich gerade über Katzenfutter her – für einen Schäferhund ist dieser Napf jedenfalls zu klein und zu leicht.

sunde Verdauung. Sind zuwenig Ballaststoffe im Futter enthalten, führt dies zu Verstopfung.

▸ Selbstgekochtes oder Fertigfutter?

Beide Möglichkeiten der Hundeernährung haben ihre Berechtigung und auch ihre Vorzüge, wichtig ist aber, daß man sich für jeweils eine Art der Fütterung entscheidet, und nicht etwa Fleisch mit Fertig-Vollnahrung mischt. Sollten Sie das Futter für Ihren Hund überwiegend selber zubereiten, so dürfen Sie durchaus auch einmal Fertigfutter geben, sei es im Urlaub oder wenn andere Gründe die eigene Zubereitung verhindern, das Mischen beider Futtertypen aber sollte in jedem Fall unterbleiben!

Fleisch mit Fertigflocken hingegen ist eine sinnvolle Mischung. Fragen Sie im Zweifelsfall immer Ihren Züchter oder Tierarzt um Rat.

TIP

Menschennahrung ist meist ungeeignet für Hunde. Sie ist zu stark gewürzt und zu fettreich (übrigens auch für uns Menschen!).

▸ Selbstgekochtes Futter

Theoretisch ist es möglich, einen Hund täglich mit allen lebenswichtigen Stoffen in einer selbstzubereiteten Mischnahrung zu versorgen. In der Praxis scheitert es aber meist doch aus verschiedenen Gründen. Der Zeitaufwand ist erheblich, und auch das Wissen um die optimale Zusammensetzung der einzelnen Nährstoffe, vor allem das richtige Verhältnis zueinander, setzt doch eine profunde Vorbildung voraus. Je nach Alter, Leistung und Gesundheitszustand ist außerdem der Nährstoffbedarf eines Hundes unterschiedlich.

▸ Fertigfutter

Die Vorteile einer Qualitäts-Fertignahrung liegen auf der Hand:

▸ Ausgewogene Zusammensetzung
Die Nährstoffe in Fertigfuttermitteln – egal ob Trocken- oder Feuchtfutter – sind in immer gleichbleibender Qualität aufeinander abgestimmt. Futtermittelhersteller betreiben aufwendige Forschungen, um die Erkenntnisse über die Tierernährung immer auf dem neuesten Stand zu halten; die Qualität der Fertigfutter wird zudem ständig überprüft.

▸ Futter für jede Situation
Egal ob Sie eine Zuchthündin, einen Arbeitshund oder einfach einen Familienhund haben, einen älteren Schäferhund mit Harnsteinen oder ein etwas übergewichtiges Tier, für beinahe jede Situation oder jedes »Problem« gibt es heute ein speziell abgestimmtes Fertigfutter.

▸ Einfache Handhabung
Ein weiterer Vorteil von Fertigfutter liegt in der schnellen »Zubereitung«. Eventuell muß ein Trockenfutter kurze Zeit eingeweicht werden, doch der Zeitaufwand steht in keiner Relation zu selbstgekochtem Futter. Auch im Urlaub stets das gewohnte Futter parat zu haben und den Hund nicht der Gefahr einer Magen-Darm-Verstimmung durch ungewohntes Futter auszusetzen, ist sicherlich ein weiterer Vorteil.

FUTTERZUSÄTZE ▸ Vitamin- und Mineralzusätze sollten Sie bei Fertignahrung nicht geben. Durch eine Überversorgung mit manchen Stoffen kann man dem Hund eher schaden als nutzen! Bei selbst zubereitetem Futter kann die Aufwertung mit Zusatzpräparaten unter Umständen sinnvoll sein, fragen Sie aber vorher Ihren Tierarzt um Rat!

TROCKEN- ODER FEUCHTFUTTER? ▶ Hier gehen die Meinungen auseinander. Es gibt verschiedene Gründe für und gegen beide Futterarten, jeder Besitzer muß für seinen Hund individuell entscheiden, welchem Futter er den Vorzug gibt. Trockenfutter kann unter Umständen bei falscher Lagerung durch enthaltene Futtermilben Allergien auslösen, zudem kann es dem Körper auf Dauer Wasser entziehen, wenn der Hund nicht ausreichend Flüssigkeit aufnimmt; daher sollte es immer vorher eingeweicht werden. Es ist aber auf der anderen Seite für viele Besitzer angenehmer und hygienischer in der Verabreichung.

Es gibt spezielle Trockenfutter, die die Zahnsteinneubildung reduzieren.

Natürlich müssen Trockenfutter sparsamer »dosiert« werden als Feuchtfutter, da sie wesentlich weniger Wasser enthalten.

Feuchtfutter in Dosen läßt sich einfacher und hygienischer lagern. Sind die Dosen allerdings erst einmal geöffnet, müssen sie im Kühlschrank aufbewahrt werden, da der Inhalt sonst sehr schnell verdirbt. Manche Hunde scheinen durch Dosenfutter einen unangenehmen Maulgeruch zu bekommen, durch sorgfältige Zahnhygiene (siehe Kapitel »Pflege«, S.49) läßt sich dies aber kontrollieren.

▶ Fütterungspraxis

WIE OFT? ▶ Über die Intervalle der Welpenernährung gibt Ihnen die Tabelle auf Seite 32 Auskunft. Den erwachsenen Schäferhund sollten Sie zweimal täglich füttern. Schäferhunde neigen, wie viele große und tiefbrüstige Rassen, zu der gefürchteten Magendrehung. Mit einer Verteilung der täglichen Futtermenge auf zwei Portionen reduzieren Sie das Risiko einer Magendrehung zumindest etwas; natürlich sollte der Hund nach dem Essen ruhen und zu keinen körperlichen Höchstleistungen angespornt werden!

WANN? ▶ Eine morgendliche und eine abendliche Fütterung (nicht zu spät) haben sich bewährt. Wie beim Menschen gilt auch hier: Unmittelbar vor oder nach starker körperlicher Anstrengung sollte nicht gefüttert werden.

Die Fütterungen sollten immer zur gleichen Uhrzeit erfolgen, der Hund stellt sich so auf diesen Zeitpunkt ein; zudem erfolgt dann auch der Kotabsatz regelmäßig.

Oft hört man, daß der Hund aus erzieherischen Gründen erst nach den Menschen sein Abendessen (oder Mittagessen) bekommen sollte. Dies ist aber nicht unbedingt eine starre Regel; wenn es für Sie aus organisatorischen Gründen einfacher ist, den Hund vorher zu füttern, und wenn keine ausgeprägten Dominanzprobleme bestehen, so dürfen Sie dies natürlich tun!

WIEVIEL? ▶ Die Empfehlungen auf den Fertigfuttermitteln sind nur ungefähre Angaben; meiner Erfahrung nach sind sie häufig etwas zu hoch angesetzt. Genau wie der Mensch hat jeder Hund einen ganz individuellen Energiebedarf: wovon ein Hund zunimmt, reicht einem anderen gerade aus, sein Gewicht zu halten. Kontrollieren Sie das Gewicht Ihres Hundes regelmäßig (zumindest bei jedem Tierarztbesuch); bleibt das Gewicht konstant, so muß die Futtermenge nicht geändert werden.

TIP

Übriggelassenes Futter wird sofort entfernt; ein Napf mit frischem Wasser sollte hingegen jederzeit frei zugänglich sein.

Leckerbissen

Nach Möglichkeit sollte der Hund neben seinen Hauptmahlzeiten und auch bei Tisch nichts zu fressen bekommen. Lästiges Betteln gewöhnt er sich so erst gar nicht an; Fremde sowie Gäste sollte man bitten, dem Hund ebenfalls nichts zuzustecken.

Bei der Erziehung können natürlich kleine Belohnungshappen gute Dienste leisten, man sollte aber immer wieder »futterfreie« Lektionen durchführen. Bekommt der Hund viele Snacks nebenbei, sollte die Menge kalorienmäßig in jedem Fall von seinen Hauptmahlzeiten abgezogen werden.

Mit Fertigfutter ist es möglich, den Hund abwechslungsreich und gesund zu ernähren.

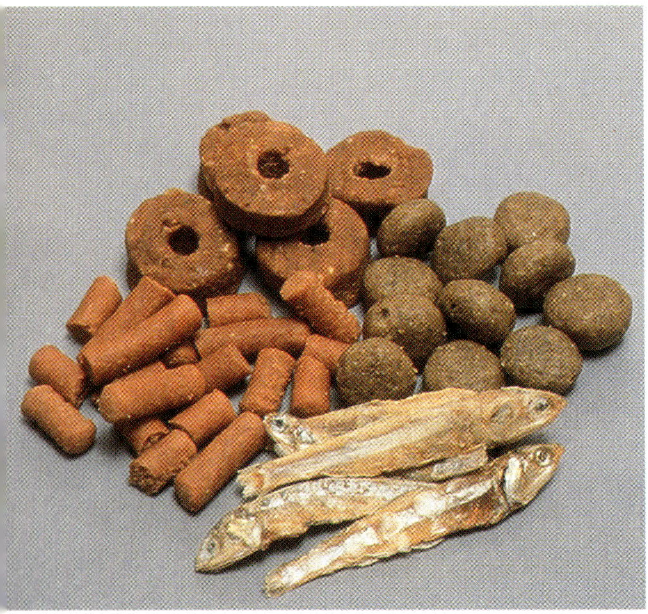

Übergewicht

Nicht nur Menschen, auch Hunde leiden heutzutage vermehrt an der »Wohlstandskrankheit« Übergewicht.

Eine ausgewachsene, nicht trächtige Schäferhündin wiegt je nach Größe 22 – 32 kg, ein Rüde 30 – 40 kg. Wird dieses Gewicht deutlich überschritten, so ist eine Diät nötig! Starke Gewichtsveränderungen innerhalb kurzer Zeit können allerdings auch krankheitsbedingt sein. Stellen Sie Ihren Hund in jedem Fall Ihrem Tierarzt vor, damit dieser Krankheiten ausschließen und mit Ihnen einen Diätplan erstellen kann.

Die richtige Figur hat Ihr Hund, wenn man seine Taille sehen und seine Rippen tasten kann. Auch Diätfutter gibt es fertig im Zoofachhandel bzw. beim Tierarzt, oft führen aber eine einfache Futterreduktion und mehr Bewegung genauso zum Erfolg!

Fütterungsfehler

ROHES FLEISCH ▸ Die Verfütterung von rohem Schweine-, aber auch Rindfleisch kann tödliche Folgen für Ihren Hund haben. Rohes Fleisch kann mit dem Erreger der Aujeszkyschen Krankheit infiziert sein. Diese Krankheit verläuft bei Hunden absolut tödlich, durch Abkochen werden die Viren abgetötet.

Auch Salmonellen und bestimmte E.-Coli-Keime, die starke Durchfallerkrankungen auslösen können, lassen sich durch Kochen abtöten.

Knochenfütterung ist nicht unproblematisch: Splitter können den Darm verletzen, und zu viele Knochen führen zu Verstopfung.

KNOCHEN ► Daß Hunde Knochen bekommen müssen, ist trotz aller Aufklärung immer noch ein weitverbreiteter Irrglaube. Hunde, die häufig Knochen bekommen, leiden meist an Verstopfung und produzieren einen weißen, harten »Knochenkot«. Selbst die starken Verdauungssäfte des Hundes sind auf Dauer nicht in der Lage, große Mengen von Knochen zu verarbeiten. Geben Sie allenfalls ab und an einen ausgekochten Röhrenknochen vom Kalb mit viel Knorpelanteil, um das Nagebedürfnis Ihres Hundes zu befriedigen; besser noch sind Kauknochen aus Büffelhaut. Diese trainieren die Kaumuskulatur des Hundes und bieten ihm Beschäftigung, ohne daß sie durch Splittern oder Steckenbleiben eine Gefahrenquelle darstellen. Absolut tabu sind Geflügelknochen (Splittergefahr).

REINE FLEISCHFÜTTERUNG ► Reines Muskelfleisch stellt zwar eine geeignete Proteinquelle dar, mit den meisten anderen Nährstoffen hapert es allerdings. Von den Mineralstoffen z.B. enthält Muskelfleisch verhältnismäßig viel Phosphor, dafür wenig Kalzium. Bestimmte Vitamine enthält es ebenfalls nicht ausreichend. Wölfe fressen ja auch nicht nur die Muskeln ihrer Beutetiere, sondern verzehren sie buchstäblich mit Haut, Haaren und sämtlichen Eingeweiden.

Selbst Katzen, die im Vergleich zum Hund einen rund doppelt so hohen Eiweißbedarf haben, sind nicht für eine reine Fleischernährung »konzipiert«.

ZU KALTES FUTTER ▸ Zu kaltes oder gar noch halb gefrorenes Futter ist häufig die Ursache von Magenschleimhautentzündungen und Erbrechen. Füttern Sie also immer mit Zimmertemperatur. Auch Speiseeis ist kein geeignetes Hundefutter, auch wenn Hunde es noch so gerne schlecken! Übrigens sollte man im Winter vorsichtig mit Schneeballwerfen sein: außer dem »Kälteeffekt« auf den Hundemagen kann auch Streusalz unserem Vierbeiner arg zusetzen.

▸ Welpenfütterung

Besonders die Ernährung heranwachsender Hunde muß sorgfältig geplant und abgestimmt werden. Ernährungsfehler, die in dieser Zeit gemacht werden, verursachen nicht selten bleibende Schäden. Früher war man der Ansicht, daß gerade große Rassen im Wachstum so viele Nährstoffe wie möglich bekommen müßten. Diese Meinung ist heute überholt; im Gegenteil, solche Rassen sollte man in der Aufzucht möglichst knapp ernähren, um nicht durch ein unangemessenes, überschießendes Wachstum den Bewegungsapparat zu überlasten.

Junge Tiere bekommen mehrere Mahlzeiten täglich, da sie noch sehr kleine Mägen haben, aber fürs Wachstum viele Nährstoffe brauchen. Wie viele Mahlzeiten in welchem Alter das sind, zeigt Ihnen die Tabelle auf Seite 32. Für jeden Wachstumsabschnitt gibt es spezielle Fertigfutter. Hat Ihnen Ihr Züchter nicht sowieso einen Ernährungsplan für die ersten Lebensmonate mitgegeben, so fragen Sie Ihren Tierarzt nach der richtigen Ernährung. Es gibt an manchen Tierärztlichen Hochschulen sogar eigene Ernährungsberatungsstellen für Hundebesitzer. Hier werden individuelle Tips gegeben und Futterbilanzen errechnet.

▸ Fütterungshygiene

Das Futter sollte weder heiß (direkt aus dem Kochtopf) noch eiskalt (aus dem Kühlschrank) gegeben werden. Feuchte Futterreste sollten stets entfernt werden, um bakterielle Zersetzung zu vermeiden. Der Futternapf sollte regelmäßig nach der Fütterung gesäubert werden.

▸ Krankenernährung

Kranke Tiere brauchen oft eine Diäternährung. Sei es eine spezielle Nierendiät, streng eiweißselektierte Diät für Allergiker oder eine Aufbaudiät nach Erschöpfungszuständen oder für das rekonvaleszente Tier – für beinahe jeden Bedarf gibt es beim Tierarzt spezielle Diätfuttermittel.

Sollte Ihr Hund einmal einen freiwilligen Fastentag einlegen, ist das noch kein Grund zur Panik! Es ist ganz natürlich und sollte erst nach mehr als zwei Tagen Anlaß zur Sorge sein. Rührt Ihr Tier mehrere Tage kein Futter an oder verliert es an Gewicht, sollten Sie einen Tierarzt aufsuchen.

Richtige Pflege

Richtige Pflege

Das Wohlbefinden von Mensch und Tier hängt nicht zuletzt von der Sauberkeit der Umgebung und des Körpers ab. Wildtiere verbringen eine beträchtliche Zeit des Tages mit der Körperpflege, die meisten Tiere trennen peinlich genau Schlaf- und Kotplatz.

Wir sollten unseren Schäferhund daher täglich pflegen; einerseits um Veränderungen frühzeitig zu bemerken, andererseits aber auch, um sein Wohlbefinden zu steigern und den intensiven Sozialkontakt mit ihm zu erhalten.

TIP

Gewöhnen Sie Ihren Hund bereits frühzeitig an das Bürsten, an Gebiß-, Augen- und Ohrenkontrolle, um spätere Probleme zu vermeiden. Mit der Zeit wird Ihr Hund die täglichen »Pflegeeinheiten« zu schätzen lernen.

Der Schäferhund ähnelt in vielen körperlichen Merkmalen, so vor allem in der Fellart und der Ohrenform, seinem Stammvater, dem Wolf. Anders als viele andere Hunderassen ist er frei von extremen Übertreibungen im Hinblick auf Fellwuchs, Ohren- oder Gesichtsform. Dies erleichtert seine Pflege in vielerlei Hinsicht. Hält man sich an nur wenige Regeln, so kann man mit recht geringem Aufwand ein Maximum an Gesundheitsvorsorge erreichen.

▸ Fellpflege

Das Stockhaar des Schäferhundes ist denkbar pflegeleicht. Es besteht aus der dichten, kürzeren Unterwolle und dem längeren, härteren Deckhaar. Regelmäßiges Bürsten mit einer Hundebürste ist ausreichend, um abgestorbene Unterwolle zu entfernen. Nach Möglichkeit sollte die Fellpflege im Freien erfolgen, da, vor allem während des Haarwechsels im Frühjahr und Herbst, die Menge der abgestoßenen Unterwolle ganz beträchtlich sein kann.

Während dieses Fellwechsels sollte der Schäferhund täglich, ansonsten zweimal in der Woche gebürstet werden. Am besten eignet sich eine doppelseitige Bürste mit Drahtborsten zum Ausbürsten der Unterwolle auf der einen Seite und Naturborsten zum Striegeln des Deckhaares auf der anderen Seite.

Besondere Aufmerksamkeit sollte man auch den »Hosen« an der Rückseite der Oberschenkel schenken, da sich hier viel lose Unterwolle ansammeln kann. Beim Bürsten achtet man insbesondere auf Hautveränderungen und

Haarausfall, auch Parasiten wie Zecken und Flöhe entdeckt man am besten bei der täglichen Fellpflege. Schwarze Krümel auf der Haut können Flohkot sein, weißliche Flocken sind meist Hautschuppen. Zecken entfernt man am einfachsten mit einer Zeckenzange; lassen Sie sich vom Tierarzt die Handhabung zeigen!

Prinzipiell geht man bei langstockhaarigen Schäferhunden genauso vor; hier beugt das tägliche Bürsten zusätzlich noch Verfilzungen vor.

Verschmutzt der Hund an einem Regentag beim Spaziergang auf schlammigen Wegen, so säubern Sie die Stellen einfach mit einem feuchten Lappen und frottieren den Hund anschließend gut ab. Bei warmem Wetter können Sie Ihren Schäferhund auch gut im Garten »trocknen« lassen, bevor er wieder ins Haus darf. Haben Sie genügend Platz, so können Sie auch einen »Schmutzraum« einrichten, der über einen pflegeleichten (z.B. gefliesten) Boden und einen Wasseranschluß verfügt. Hier kann man nasse oder schmutzige Hunde säubern, aber auch das Hundefutter lagern und zubereiten. Vor allem Besitzer mehrerer Hunde profitieren oft von solch einer Räumlichkeit.

Regelmäßige Fellpflege steigert das Wohlbefinden und dient dem Sozialkontakt.

▸ Zahnpflege

Von Natur aus besitzen Hunde einen äußerst effektiven Speichel, der die Zähne sauberhält. Karies und Parodontose sind beim Hund, im Gegensatz zum Menschen, eher selten. Dennoch ist die regelmäßige Gebißkontrolle und -pflege beim Schäferhund ein Muß. Speisereste, v.a. klebrige Substanzen wie fertiges Trocken- oder Feuchtfutter, bleiben zwischen den Zähnen hängen; zusammen mit Plaque können sie im Laufe der Zeit zu Zahnstein werden. Massive Zahnsteinbildung ist zwar beim Schäferhund nicht so häufig wie bei kleineren Rassen wie Zwergpudel oder Yorkshire Terrier, aber auch geringere Ablagerungen können zu üblem Maulgeruch und unter Umständen zu Zahn- und Zahnfleischerkrankungen führen.

Gewöhnen Sie Ihren Hund bereits im Welpenalter an die regelmäßigen

Gewissenhafte Zahnpflege erhält Hundezähne schön und gesund.

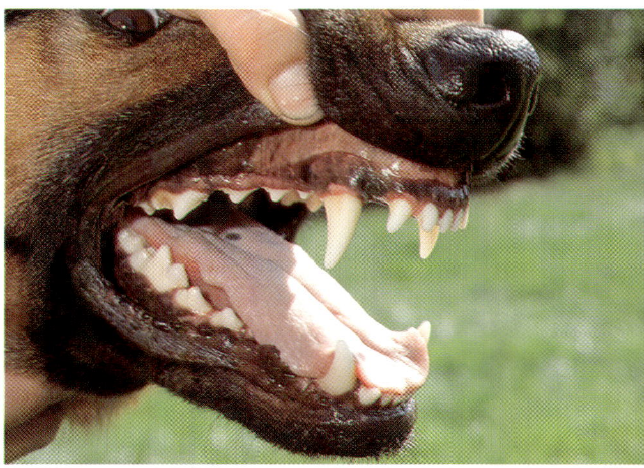

Gebißkontrollen. Dies ist aus verschiedenen Gründen wichtig: Die Zahnpflege gestaltet sich so wesentlich einfacher für beide Seiten; Ihr Tierarzt und evtl. auch der Richter auf einer Hundeausstellung werden es Ihnen danken. Und nicht zuletzt kann es lebenswichtig sein, dem Hund einen ins Maul gespießten Stock oder sonstigen Fremdkörper ohne langes Wenn und Aber wieder entfernen zu können.

Gewöhnen Sie sich an, dem Hund mit einer speziellen Hundezahnbürste, evtl. sogar mit Hundezahnpasta (erhältlich im Zoofachhandel oder beim Tierarzt), die Zähne zu putzen. Im Fachhandel gibt es auch praktische »Fingerlinge«, die, über den Finger gestülpt, zum Zähneputzen verwendet werden können.

Auch Kauknochen und Ochsenziemer aus dem Zoofachhandel oder ab und zu eine rohe Karotte helfen, das Gebiß des Hundes zu reinigen.

Achten Sie bei der Zahnpflege auf Zahnverletzungen, insbesondere abgebrochene Zähne. Auch beim Welpen ist die Zahnkontrolle wichtig, da Entzündungen der Zahnwurzel (z.B. durch abgebrochene Milchzähne) zu gravierenden Problemen im bleibenden Gebiß führen können.

So sieht ein gesundes Hundeohr aus.

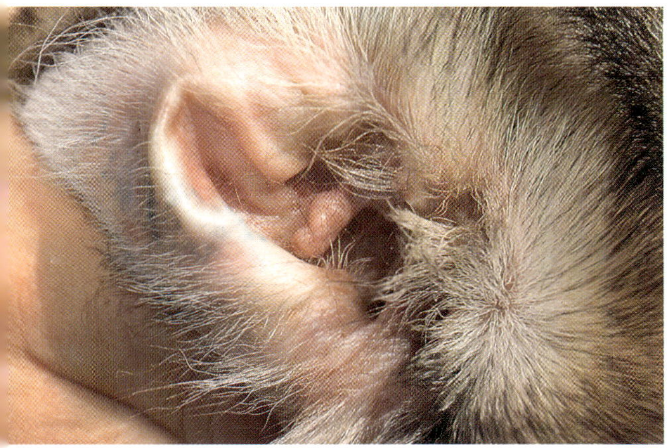

Auch Zahnfleischveränderungen lassen sich frühzeitig erkennen, wenn die Maulhöhle regelmäßig inspiziert wird. Hier sollten insbesondere starke Rötungen oder Wucherungen vom Tierarzt untersucht werden.

▸ Ohrenpflege

Das natürliche Stehohr des Schäferhundes neigt weniger zu Problemen als beispielsweise ein üppiger Behang wie beim Cocker Spaniel oder ähnlichen Rassen. Dennoch leiden auch Schäferhunde mitunter unter schmerzhaften Entzündungen der äußeren Gehörgänge. Oft zeigt der Hund durch Kopfschütteln, Kratzen oder Hängenlassen eines oder beider Ohren unmißverständlich an, daß er Ohrenschmerzen hat. Entzündungen oder Fremdkörper wie Grannen können die Ursache sein. In jedem Fall sollten Sie einen Tierarzt aufsuchen, da unsachgemäße Handhabung hier eher noch zu einer Verschlechterung des Zustands führen kann. Die Ohrenpflege beschränkt sich im Prinzip auf die Reinigung der sichtbaren Teile der Ohrmuschel. Benutzen Sie hierzu am besten ein um den Finger gewickeltes, weiches Papiertuch oder einen Wattebausch, den Sie mit speziellem Ohrreiniger für Hunde angefeuchtet haben. Auf Wattestäbchen sollten Sie verzichten, zu leicht ist die empfindliche Haut der Gehörgänge oder gar das Trommelfell verletzt!

▸ Augenpflege

Auch die Augen des Schäferhundes sind, im Gegensatz zu manch anderen Rassen, recht pflegeleicht. Entfernen

Sie eventuell morgens vorhandenen »Schlaf« aus den Augenwinkeln. Achten Sie auf Veränderungen der Menge und Farbe dieses Sekretes. Besteht vermehrter Augenausfluß, sind die Bindehäute oder der Augapfel gerötet? Dies sind unter Umständen Symptome einer Bindehautentzündung.

Auch Farbveränderungen der Augenhornhaut sollten Sie beachten. Sie könnten der Beginn der rassetypischen »Schäferhundkeratitis« sein, die beim Schäferhund häufiger als bei anderen Rassen vorkommt und die möglichst frühzeitig tierärztlich behandelt werden sollte.

▸ Pfotenpflege

Von Natur aus sind Hunde mit dicken, widerstandsfähigen Ballen ausgestattet, die, verglichen mit unseren Fußsohlen, relativ temperaturunempfindlich sind. Herumliegende Glasscherben oder Streusalz können allerdings auch einer robusten Hundepfote stark zusetzen. Kontrollieren Sie alle vier Pfoten regelmäßig auf Verletzungen, Entzündungen, eingetretene Fremdkörper oder eventuell zwischen den Zehen sitzende Zecken.

Speziell im Herbst können die Zehenzwischenräume von Herbstgrasmilben befallen werden; diese erkennt man meist mit bloßem Auge als winzige orangefarbene Pünktchen auf der Zwischenzehenhaut.

Im Winter leisten Vaseline oder Melkfett gute Dienste, um die Ballen vor dem Spaziergang vor Kälte und vor Streusalz zu schützen. Vergessen Sie aber trotzdem nicht, die Pfoten nach jedem Auslauf wieder zu reinigen!

Die Krallen lassen Sie gegebenenfalls beim Tierarzt kürzen; dieser zeigt Ihnen sicherlich auch gerne die Handhabung einer Krallenzange. Da Hunde, im Gegensatz zu Katzen, ihre Krallen nicht einziehen können, laufen sich diese bei genügend hartem Untergrund meist von selbst ab. Laufen Sie also bewußt abwechselnd auf weichem (Wiesen, Wald) und auf hartem Untergrund (asphaltierte Wege). Die Krallen sollten beim stehenden Hund den Boden nicht berühren.

In der Regel haben Schäferhunde dunkle Krallen, die darin verlaufenden Blutgefäße lassen sich nicht erkennen. Kürzen Sie daher lieber etwas zuwenig als zuviel! Sollten Sie je ein Krallengefäß verletzt haben, so muß die Blutung gestillt werden. Dies geschieht zu Hause am einfachsten mit einem Tupfer Uhu oder Nagellack. Falls zur Hand, schafft auch Sprühpflaster erste Abhilfe. Im Zweifelsfall suchen Sie lieber den Tierarzt auf!

▸ Baden

Im Normalfall müssen Hunde, insbesondere Schäferhunde, nicht gebadet werden. Sollte Ihr Hund sich allerdings einmal sehr stark verunreinigt haben, z.B. durch Wälzen in Aas, Kot oder einem Misthaufen, so kommen Sie (und er) nicht um ein Bad herum. Am sinnvollsten geschieht dies in der Badewanne oder der Duschkabine. Legen Sie vorher eine Gummimatte mit Noppen in die Wanne, um ein Ausrutschen zu vermeiden. Stellen Sie den Wasserstrahl auf handwarm und nicht zu stark, und beginnen Sie von den Beinen an aufwärts. Benutzen Sie kein parfümiertes, reizendes Shampoo für Menschen oder gar Duschgel; der empfindliche Säureschutzmantel der Hundehaut würde so zerstört. Besorgen Sie sich ein spezielles rückfettendes Hundeshampoo im Zoofachhandel.

Manche Hautkrankheiten erfordern ebenfalls ein Baden des Hundes mit medizinischen Spezialshampoos; in jedem Fall sollten der Kopf, insbesondere Augen, Ohren und der Fang, ausgespart werden. Nach dem Bad muß der Hund gründlich abgetrocknet werden; außer bei hochsommerlichen Temperaturen sollte er für den Rest des Tages im Haus bleiben. Frottieren Sie ihn gründlich ab, und bringen Sie ihn in einen warmen, zugfreien Raum. Fönen ist meist nicht nötig, zu heiß eingestellte Haartrockner können sogar zu Verbrennungen führen.

Beim ersten Spaziergang nach einem Bad sollten Sie Ihren Hund genau im Auge behalten. Viele Hund versuchen, den frischen Duft sofort wieder mit einer »Aasnote« zu überdecken.

▸ Analdrüsen

Hunde besitzen rechts und links des Anus die sogenannten Analdrüsen. In diesen werden »Duftstoffe« produziert, mit denen der Hund Signalmarken für Artgenossen setzt. Normalerweise werden diese Drüsen beim Kotabsatz entleert; manchmal verstopfen allerdings die Ausführungsgänge. Leckt sich der Hund vermehrt in der Analregion, rutscht er auf dem Hinterteil über den Boden (»Schlittenfahren«), so sollten die Analdrüsen kontrolliert und ggf. entleert werden. Lassen Sie sich vom Tierarzt diesen Handgriff zeigen, und führen Sie ihn nie ohne Einmalhandschuhe und Papiertuch aus, denn Analsekret stinkt furchtbar und hält sich hartnäckig in der Kleidung. Kontrollieren Sie auch den Anus des Hundes regelmäßig; Veränderungen sollten Sie dem Tierarzt zeigen.

▸ Allgemeine Hygiene

Das Lager, die Autobox und gegebenenfalls der Zwinger sollten immer peinlich saubergehalten werden, Kot entfernt man sofort, ebenso Futterreste. Auch Decken und Kissenbezüge sollten regelmäßig gewaschen werden.

Achten Sie bei Rüden auf Ausfluß aus dem Penis, die meisten männlichen Hunde leiden am sogenannten Vorhautkatarrh. Dieser hartnäckige, meist harmlose Ausfluß kann mit Spülungen oft etwas gemildert werden, ganz verschwindet er erst nach einer Kastration.

Hündinnen sind während ihrer Läufigkeiten meist selbst sehr darauf bedacht, sich sauberzuhalten, oft hinterlassen Sie aber dennoch den einen oder anderen Blutfleck in der Wohnung.

Es gibt spezielle »Läufigkeitshöschen« für Hündinnen. Besonders in der Wohnung leisten sie recht gute Dienste, um Teppichboden und Möbel vor Verunreinigungen zu schützen.

Außerhalb der Läufigkeit darf die Hündin keinen Ausfluß zeigen. Bei jeglichen Anzeichen, vor allem bei gelblich-eitrigem Ausfluß, sollten Sie einen Tierarzt aufsuchen.

TIP

Deponieren Sie im Auto immer ein »Hundehandtuch«, um den Hund nach einem Spaziergang abtrocknen und stärkere Verschmutzungen gleich entfernen zu können.

Rundum gesund

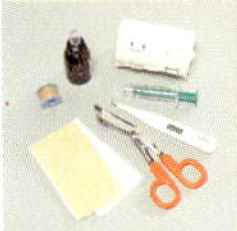

Rundum gesund

Wie alle Lebewesen können auch Hunde erkranken oder sich verletzen. In diesem Kapitel erfahren Sie, wie man Krankheiten vorbeugen und erkennen kann. Der erste Weg beim Verdacht auf eine Erkrankung sollte stets zum Tierarzt führen. Bei der Gesundheitspflege unseres Hundes gilt: Lieber einmal zu früh als zu spät untersuchen lassen!

Impfungen

Die planmäßige Gesundheitsvorsorge unserer Haus- und Heimtiere ist eine Errungenschaft der neueren Zeit. Viele Seuchen, die früher eine ernsthafte Bedrohung für Hunde darstellten, sind heute äußerst selten geworden. Mit der Öffnung des »Eisernen Vorhangs« sind jedoch in jüngster Vergangenheit einige Viruserkrankungen, die bereits ihren Schrecken weitgehend verloren hatten, wieder ein Thema, vor allem natürlich bei Importhunden aus Osteuropa. Vor allem Staupe und Parvovirose werden in den letzten Jahren wieder häufiger diagnostiziert; auch aus diesem Grund sollte peinlich genau auf die regelmäßige Auffrischung des Impfschutzes geachtet werden. Dringend zu empfehlen sind die Impfungen gegen:

- Tollwut
- Staupe
- HCC (Ansteckende Leberentzündung)
- Leptospirose (Stuttgarter Hundeseuche)
- Parvovirose
- Zwingerhusten

In bestimmten Fällen sinnvoll ist ferner ein Impfung gegen

- Borreliose

Gegen die sechs erstgenannten Krankheiten wird meist mit einem sogenannten Kombinationsimpfstoff geimpft; es kann aber auch gegen jede Erkrankung separat geimpft werden.

Borreliose ist eine durch Zecken übertragene Krankheit, die vor allem in Süddeutschland, Frankreich und der Schweiz (sowie weiteren südeuropäischen Ländern) vorkommt. Leben Sie in einem sogenannten »endemischen« Gebiet (also in Baden-Württemberg, Bayern oder der Schweiz) oder fahren Sie mit Ihrem Hund ins benachbarte südwestliche Ausland, so sollten Sie mit Ihrem Tierarzt über die Notwendigkeit einer Impfung sprechen.

Es ist hingegen nicht nötig, Hunde gegen Tetanus impfen zu lassen. Zwar kommt diese Erkrankung in seltenen Fällen auch beim Hund einmal vor, im

Impfschema

Infektion	*8. Lebenswoche*	*12. Lebenswoche*	*16. Lebenswoche*	*Auffrischung*
Staupe	x	x		Jährlich
Parvovirose	x	x		Jährlich
Leptospirose	x	x		Jährlich
HCC	x	x		Jährlich
Tollwut		x		Jährlich
Zwingerhusten		x		Je nach Impfstoff jährlich oder halbjährlich
Borreliose		x	x	Je nach Infektionsdruck jährlich oder halbjährlich

allgemeinen besitzen Hunde aber eine hohe natürliche Resistenz.

TIP

Versäumen Sie niemals die jährlichen Schutzimpfungen! Nicht nur bei einem ungeplanten Auslandsbesuch kann es Probleme geben; auch wenn Ihr Hund jemals einen Menschen (auch im Spiel) verletzen sollte, kann es ohne gültige Tollwutschutzimpfung Probleme geben!

Das angegebene Impfschema beruht auf eigenen Erfahrungen und Empfehlungen der Impfstoffhersteller. Es gibt Tierärzte, die nach anderen Schemata vorgehen, sprechen Sie den Impfplan für Ihren Welpen also individuell mit Ihrem Tierarzt ab!

Entwurmungen

Regelmäßige Entwurmungen stellen ebenfalls aktive Gesundheitsvorsorge dar. Bereits Saugwelpen können sich über die Muttermilch mit Spulwürmern infizieren. Aus diesem Grund sollten Mutter und Welpen in bestimmten Abständen mit einem entsprechenden Präparat entwurmt werden. Junghunde und ausgewachsene Tiere werden ebenfalls regelmäßig entwurmt. Hier wählt man ein Breitbandwurm-

Entwurmungsschema

Wurmart	*Lebensalter*
Spulwürmer	2. Lebenswoche, dann jede weitere Woche bis 3 Wochen nach dem Absetzen (weiterhin alle 2 Wochen bis zur 12. Lebenswoche)
Bandwürmer	möglich ab der 3. Lebenswoche; empfehlenswert alle 3 Monate oder bei positivem Kotbefund nach mikroskopischer Untersuchung

mittel, das sowohl gegen Spul- als auch Bandwurmbefall wirksam ist.

Die Infektionsgefahren sind vielfältig; andere Hundehäufchen, aber auch Fuchskot, Mäuse und Flöhe können Bandwürmer übertragen.

Anders als Impfungen wirken Entwurmungen nicht vorbeugend; sie töten nur bereits vorhandene Würmer ab. Deshalb sollten Hunde nach Möglichkeit alle 3 – 6 Monate entwurmt werden. Alternativ können Sie natürlich auch eine Kotprobe Ihres Hundes in entsprechenden Abständen auf Parasiten untersuchen lassen, um dann lediglich bei positivem Befund zu entwurmen.

Auch gegen den gefürchteten Fuchsbandwurm sind die modernen Breitbandanthelminthika wirksam; vor allem bei häufigen Waldspaziergängen sollten Sie also immer an die Entwurmungen denken.

Hautparasiten

Neben Würmern können Hunde von weiteren Parasiten befallen werden. Die häufigsten in Deutschland vorkommenden sind Flöhe, Zecken und Milben, vereinzelt auch Läuse.

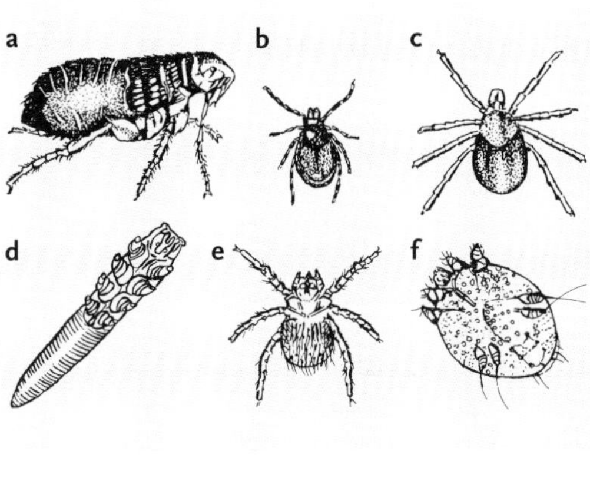

Hautparasiten
a Hundefloh
b Zeckenmännchen
c Zeckenweibchen
d Haarbalgmilbe
e Herbstgrasmilbe
f Grabmilbe

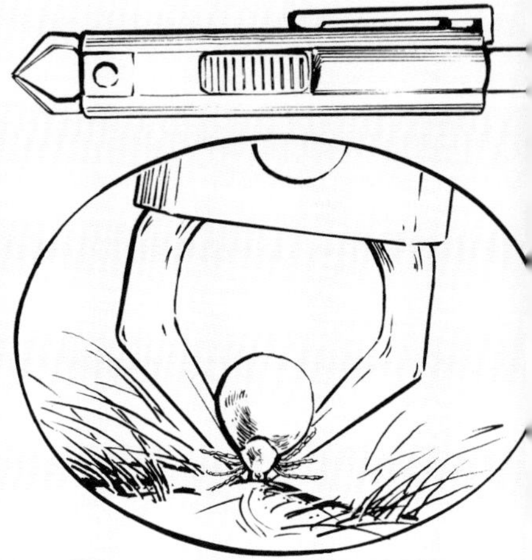

Die Zecke ganz vorn am Kopf umfassen und vorsichtig mitsamt den Mundwerkzeugen herausdrehen!

Im Handel sind wirksame Präparate zur Vorbeugung, aber auch zur Behandlung gegen diese sogenannten Ektoparasiten. Man kennt Spot-on-Verfahren gegen Flöhe und Zecken. Diese Substanzen werden auf die Nacken- und Kruppenhaut geträufelt und schützen so meist mehrere Wochen gegen Flöhe und Zecken. Sie sind meist wirkungsvoller als die entsprechenden Flohhalsbänder.

Sind allerdings kleine Kinder mit im Haushalt, so sollte auf die Flohbekämpfung in Form von Tabletten ausgewichen werden.

Milbenbefall ist heute durch verbesserte Haltungs- und Ernährungsverhältnisse weniger häufig als noch vor 20 Jahren. Dennoch kann es vorkommen, daß vor allem immungeschwächte Hunde an Haut- oder Ohrräude erkranken (siehe auch Abschnitt Hauterkrankungen, Seite 61).

Krankheiten

Schäferhunde sind nicht krankheitsanfälliger als die meisten anderen Hunderassen auch. Es gibt allerdings, wie bei den meisten Rassen, bestimmte Erkrankungen, die häufiger vorkommen. Die folgenden Abschnitte gehen vor allem auf solche Probleme ein; die Beschreibung eines jeden Krankheitsbildes würde den Rahmen dieses Buches sprengen und soll entsprechenden Fachbüchern vorbehalten bleiben.

Maulhöhle

Schäferhunde haben, wie die meisten großen Hunderassen, meist sehr gesunde und kräftige Zähne. **Zahnstein** ist bei regelmäßiger Gebißpflege (siehe Seite 51) kaum ein Thema, auch Karies und Zahnfleischentzündungen sind selten. Probleme kann ab und an einmal ein **abgebrochener Zahn** machen. In diesem Fall sollten Sie schnellstmöglich einen Tierarzt aufsuchen. Dieser wird untersuchen, ob der Zahnkanal freiliegt und entsprechende Maßnahmen ergreifen.

TIP

Auch ein abgebrochener Milchzahn sollte dem Tierarzt gezeigt werden, da eine infizierte Zahnwurzel sehr schnell den darunterliegenden bleibenden Zahn zerstören kann.

Speiseröhre

Manche Schäferhunde leiden am sogenannten **Megaösophagus**, einer abnorm erweiterten Speiseröhre. Dieses Leiden ist angeboren und zeigt sich meist bei Welpen, die gerade auf feste Nahrung umgestellt werden. Aber auch ältere Tiere können plötzlich erkranken. Die betroffenen Tiere erbrechen häufig unverdautes Futter, zeigen einen wahren Heißhunger und magern dennoch ab. Diagnostiziert werden kann diese Erkrankung durch Röntgenaufnahmen nach Eingabe eines Kontrastmittels. Die Prognose ist je nach Ausprägung günstig bis vorsichtig zu stellen. Mit dem entsprechenden Fütterungsmanagement sind manche Hunde recht gut zu behandeln, andere sprechen nur wenig oder gar nicht auf eine Therapie an.

Magen

Wie Menschen können sich auch Hunde den Magen verderben. Besonders im Winter kommt es häufig einmal zur sogenannten **»Schneegastritis«**. Erbricht Ihr Hund weißen oder gelblichen Schleim, so lassen Sie ihn die nächsten 24 Stunden fasten. Danach bieten Sie ihm eine Schonkost, bestehend aus gleichen Teilen Hüttenkäse und gekochtem Reis mit etwas Salz und Traubenzucker, in kleineren Portionen, an. Sollte er dennoch weiterhin erbrechen oder ein gestörtes Allgemeinbefinden zeigen, so bringen Sie ihn zum Tierarzt!

Weitaus gefährlicher als eine Magenreizung ist die gefürchtete **Magendrehung**. Unbehandelt führt diese meist innerhalb kurzer Zeit zum Tod des Tieres. Die Ursachen sind nicht restlos bekannt, in jedem Fall aber spielt eine Gewebsschwäche der Magenaufhängung eine Rolle. Auch der Füllungszustand des Magens ist von Bedeutung. Unmittelbar nach dem Fressen oder der Aufnahme größerer Flüssigkeitsmengen sollte der Hund daher niemals toben oder arbeiten!

Die Symptome einer Magendrehung sind deutliches Unwohlsein des Hundes, verbunden mit einer sichtbaren Aufgasung seines Bauches direkt hinter den letzten Rippen. Da sowohl Mageneein- als auch -ausgang zugedreht sind, kann entstehendes Gas nicht mehr entweichen und bläht den Hundemagen richtiggehend auf. Der Hund würgt, ohne erbrechen zu können, und liegt viel.

Nur sofortige Druckentlastung schafft hier Abhilfe. Der Kreislauf des Hundes muß stabilisiert werden; und gelingt die Gasentfernung nicht über eine Magensonde oder die Punktion mittels einer Kanüle, so muß sofort operiert werden. In vielen Fällen kommt jede Hilfe zu spät, weswegen auch hier die Prophylaxe eine ganz bedeutende Rolle spielt.

▸ Bauchspeicheldrüse

Die Bauchspeicheldrüse oder Pankreas ist ein lappenförmiges zartes Gebilde, das dem Dünndarm angelagert ist. Hier werden sowohl Insulin als auch verschiedene Verdauungsenzyme produziert. Der Schäferhund ist leider recht anfällig für die chronische **Exokrine Pankreasinsuffizienz** (EPI), eine Störung der Verdauungssaftbildung. Diese äußert sich, erstmals zumeist zwischen dem ersten und dem vierten Lebensjahr, in lehmfarbenem Durchfall und Abmagerung trotz Heißhunger. Dieses Leiden ist zumeist genetisch bedingt, mit betroffenen Tieren sollte also nicht gezüchtet werden.

Mittlerweile ist sogar ein spezielles Futter für Deutsche Schäferhunde auf dem Markt, das dieser Krankheit vorbeugen soll. Ist die Funktion der Bauchspeicheldrüse bereits gestört, so muß dem Hundefutter das fehlende Verdauungsenzym zugesetzt werden.

▸ Darm

Durchfall kann leicht einmal auftreten, die Ursachen sind sehr unterschiedlich. Manch ein Hund verträgt eine Futterumstellung nicht, ein anderer reagiert sehr sensibel auf Streß. So gibt es Diensthunde, die bei jedem anstrengenden Einsatz oder Lehrgang Durchfall bekommen. Nicht immer ist EPI die Durchfallursache beim Schäferhund! Ebenso wie bei **Erbrechen** sollten Sie Ihren Hund erst einmal 24 Stunden fasten lassen und ihm danach Schonkost anbieten. Bessert sich sein Zustand nicht oder wird der Durchfall gar blutig, so suchen Sie umgehend einen Tierarzt auf.

AFTER ▸ Erkrankungen im und am After sind meist äußerst schmerzhaft und heilen oft nur langwierig. Beim Schäferhund treten ab und zu Fisteln der Analdrüsen und des Anus selbst auf; oft gehen chronische **Analbeutelentzündungen** voraus. Durch regelmäßige Kontrolle des Analbereiches (siehe Seite 54) kann man verstopfte und entzündete Analbeutel meist frühzeitig erkennen und so eine weitere Verschlechterung des Zustandes oft verhindern.

Ältere Rüden leiden mitunter unter sogenannten **Analadenomen**. Diese gutartigen Geschwulste beeinträchtigen den Hund meist erst durch stärkeres Wachstum oder Blutungen. Rät Ihnen der Tierarzt zu einer operativen Entfernung, so sollte man eine gleichzeitige Kastration des Rüden in Erwägung ziehen, da die Entstehung meist hormonell bedingt ist.

Im Wartezimmer bleiben Hunde an der Leine – neben der Ansteckungsgefahr vermeidet man so auch Raufereien.

Atmungsapparat

Beim Schäferhund ist keine spezielle Disposition für Atemwegserkrankungen bekannt. Grippale Infekte mit Schnupfen, Husten und Nasenausfluß können allerdings auftreten, vor allem im Winter.

Bei häufigem Kontakt zu anderen Hunden, sei es auf dem Hundeplatz, auf Ausstellungen oder in einer Hundepension, sollten Sie Ihren Hund gegen **Zwingerhusten** impfen lassen. Diese sogenannte »infektiöse Tracheobronchitis« heilt zwar in den meisten Fällen ohne Komplikationen wieder ab, ist aber für den Hund sehr unangenehm. Symptome sind trockener, anfallsweise auftretender Husten.

TIP

Sollten Sie sich erkältet haben, so verzichten Sie dem Hund zuliebe auf zu engen Körperkontakt; oft stecken sich Hunde bei ihren Besitzern an!

Bei häufig auftretendem Nasenbluten sollten Sie den Tierarzt aufsuchen. Ursachen können Fremdkörper in der Nase (meist bei jungen Hunden) oder auch Tumoren (eher bei älteren Hunden) sein.

Haut

Es gibt eine Anzahl von Hauterkrankungen, die den Schäferhund befallen können. Die regelmäßige Körperpflege ist auch hier äußerst wichtig für die Früherkennung.

Im Sommer leiden manche Schäferhunde an sogenannten **»Hot Spots«**. Diese nässenden Ekzeme bilden sich unter dem dichten Fell der Hunde, oft nach Bädern in Tümpeln oder Bächen. Der Tierarzt wird diese Stellen ausscheren, desinfizieren und mit pflegenden Lotionen behandeln. Je nach Schweregrad wird er Antibiotika und Entzündungshemmer verordnen.

Ebenfalls im Sommer kann es auch vermehrt zu **Entzündungen der**

Zwischenzehenbereiche kommen. Der Auslöser können eingetretene Fremdkörper, aber auch verschiedene andere Ursachen wie Parasiten oder Allergien sein.

TIP

Denken Sie bei plötzlich auftretenden Lahmheiten immer auch daran, die Zwischenzehenräume und die Ballen gründlich zu untersuchen!

JUCKREIZ ▶ Juckreiz kann beim Hund viele Ursachen haben. Oft sind mehrere tierärztliche Untersuchungen notwendig, um die tatsächliche Ursache herauszufinden. Manche Erkrankungen, wie Grabmilben (*Sarcoptes scabiei*) oder Allergien (z.B. gegen Pollen, Flöhe oder Hausstaubmilben), lösen direkt Juckreiz aus. Andere, wie Haarbalgmilben (*Demodex canis*), bestimmte Stoffwechsel- und Hormonstörungen oder auch Autoimmunerkrankungen, jucken nicht primär. Sie machen allerdings die Haut äußerst anfällig für sogenannte Sekundärinfektionen (z.B. mit Hautpilzen oder Staphylokokken), die dann zum Teil erheblichen Juckreiz auslösen können. Bei ausgeprägtem Juckreiz sollten Sie also nicht auf gutgemeinte Ratschläge von selbsternannten Hundeexperten hören, sondern einen Tierarzt aufsuchen, der die Diagnose durch Blutuntersuchungen, Hautgeschabsel und evtentuell auch Hautbiopsien stellen wird.

Bei starkem Juckreiz sollten immer auch die Ohren und die Zwischenzehenbereiche kontrolliert werden!

▶ Herz und Kreislauf

Angeborene **Herz- oder Gefäßfehler** kommen vereinzelt beim Schäferhund vor. Kümmernde Welpen oder Junghunde sollten immer auch auf Herzprobleme untersucht werden. Die moderne Ultraschalldiagnostik hat mittlerweile auch in der Tiermedizin Einzug gehalten und ermöglicht eine äußerst exakte Diagnose vieler Herzerkrankungen.

Ältere Schäferhunde können an einer altersbedingten **Klappeninsuffizienz** erkranken, die oft die lebenslange Verabreichung von speziellen Medikamenten erforderlich macht. Läßt die Leistungsfähigkeit Ihres Hundes rapide nach, hustet er nach Aufregung oder nachts, so könnten dies Anzeichen eines Klappenfehlers sein.

Schlaganfälle treten auch bei alten Hunden vereinzelt auf. Leider lassen sich diese Anfälle, die durch Gehirndurchblutungsstörungen entstehen, meist nicht vorhersehen. Es gibt bestimmte Medikamente, die älteren Hunden bereits prophylaktisch zur Gefäßerweiterung gegeben werden können. Sprechen Sie Ihren Tierarzt bei den regelmäßigen Routinekontrollen des alten Hundes ruhig einmal darauf an!

▶ Bewegungsapparat

Erkrankungen des Bewegungsapparates, also vor allem der Knochen und Gelenke, aber auch der Muskulatur, werden von Schäferhundbesitzern wohl am meisten gefürchtet. So wird der Deutsche Schäferhund mehr als jede andere Rasse mit der gefürchteten HD (Hüftgelenksdysplasie) in Verbindung gebracht.

GLIEDMASSEN ▸ **HD** ist eine Mißbildung der Hüftgelenke. Oberschenkelkopf und/oder Hüftgelenkspfanne sind nicht »paßgenau«. Im Laufe der Zeit führt so die ständige Belastung der Gelenkflächen zur Bildung von arthrotischen Veränderungen am Gelenkknorpel. Diese nennt man schließlich »Coxarthrose«. Meist erzeugt dieser Zustand Schmerzen beim Laufen, die Hunde vermeiden am Ende jede Bewegung. Die Ursachen sind überwiegend genetisch, zu einem gewissen Anteil tragen aber auch weitere Faktoren wie die Ernährung und Bewegung, vor allem während des Wachstums, zur Ausprägung der Erkrankung bei.

TIP

Überlasten Sie die Gelenke Ihres Schäferhundwelpen nicht! Bis zum Alter von vier Monaten sollte er überhaupt keine Treppen steigen. Kann er beim Spaziergang nicht mehr laufen, so tragen Sie ihn. Vermeiden Sie wildes Tauziehen, zu viel Stöckchenwerfen und lassen Sie ihn über keine Hindernisse springen!

Leider spielt die HD nach wie vor eine Rolle in der Zucht des Schäferhundes. Aus diesem Grund sollten Sie bei der Auswahl eines Welpen großen Wert auf HD-Freiheit der Elterntiere legen. Der SV schreibt zur Zuchtzulassung Röntgenuntersuchungen der Tiere vor, empfohlen wird das HD-Röntgen aller Hunde ab einem Alter von 12 Monaten.

Auch die Ellenbogengelenke des Schäferhundes können von bestimmten Veränderungen betroffen werden. Kleine gelenkbildende Knochenvorsprünge können sich in der Wachstumsphase vom Unterarmknochen lösen und so als freie »Gelenk-Chips« zu Schmerzen und Lahmheit der Vordergliedmaßen führen. Diese Erkrankung nennt man, je nach dem betroffenen Knochenteil, **Isolierter Processus anconaeus** oder **Processus coronoideus**. Ebenso wie bei der HD scheint die Veranlagung für diese Krankheiten genetisch bedingt zu sein. Alle drei Probleme können sowohl ein- als auch beidseitig auftreten.

Mittlerweile gibt es eine Vielzahl von Therapiemöglichkeiten. Von Futterzu-

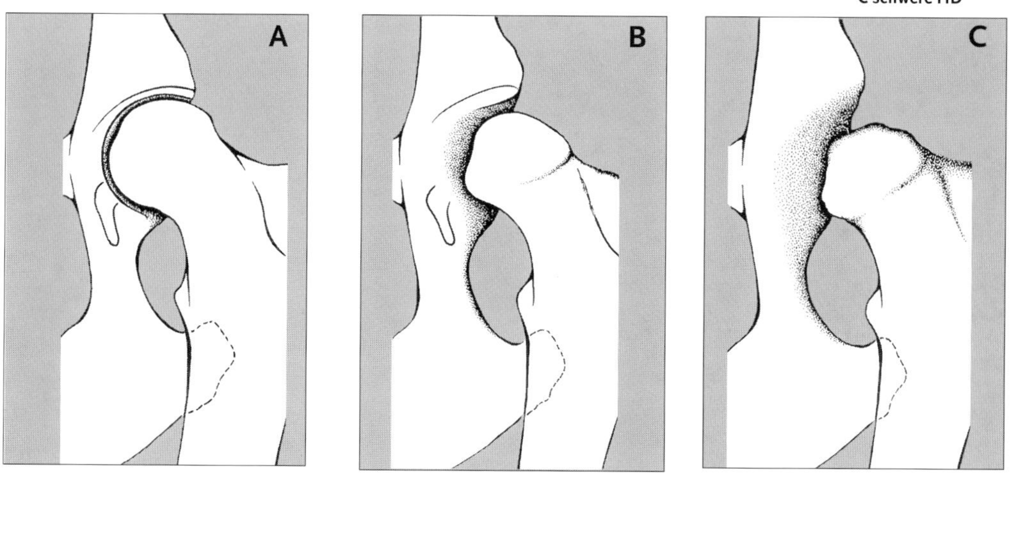

Hüftgelenksdysplasie
A normales Hüftgelenk
B mittlere HD
C schwere HD

Täglicher freier Auslauf an der frischen Luft stärkt das Immunsystem.

sätzen oder Schmerzmitteln über Physiotherapie bis hin zu operativen Eingriffen gibt es viele Möglichkeiten, dem Hund das Leben trotz seiner Erkrankung so lebenswert und schmerzfrei wie möglich zu gestalten.

TIP

Lassen Sie Ihren Schäferhund, auch wenn Sie nicht züchten wollen, mit einem Jahr röntgen. Sie erhalten so Auskunft über den Zustand seiner Hüften und können gegebenenfalls mit Ihrem Tierarzt ein Fütterungs- und Bewegungsprogramm erstellen, das Beschwerden so weit wie möglich verhindert. Außerdem erhält der Züchter so wichtige Informationen zum Stand seiner Bemühungen, HD-freie Schäferhunde zu züchten.

WIRBELSÄULE ▶ Beim Schäferhund kommt es vereinzelt zum sogenannten **Cauda-equina-Syndrom.** Hierunter versteht man eine Quetschung des Rückenmarks im Bereich der Lendenwirbelsäule und des Kreuzbeins. Die austretenden Rückenmarksnerven werden so geschädigt. Die Symptome sind Schmerzen in Kruppenbereich, Lahmheit der Hintergliedmaßen, der typisch lose herabhängende »Lämmerschwanz« und teilweise Probleme beim Harnabsatz. Ursache sind ein verengter Rückenmarkskanal und/oder Instabilitäten im Gelenk; betroffen sind zumeist Hunde zwischen zwei und acht Jahren. Auch die Veranlagung für diese Erkrankung wird vererbt.

Beim älteren Schäferhund können sich, wie bei den meisten größeren Hunderassen, zwischen einzelnen Wirbelkörpern Knochenbrücken bilden, die sogenannte **Spondylosis deformans.** Die betroffenen Hunde zeigen Schmerzen im Rückenbereich, sie haben mitunter Kot- und Harnabsatzbeschwerden. Meist kann man die Symptome mit entsprechenden Medikamenten recht gut dämpfen.

Alle hier beschriebenen Erkrankungen des Skelettsystems werden durch Röntgenaufnahmen diagnostiziert. Aus diesem Grund sind entsprechende Untersuchungen sehr wichtig, wenn Lahmheiten, Schmerzen oder Ausscheidungsprobleme auftreten!

▸ Geschlechtsorgane

RÜDEN ▸ Beim älteren Schäferhundrüden kann es zu **Prostataveränderungen** kommen. Meist machen sich Entzündungen durch Schmerzen, steifen Gang, blutigen Ausfluß und Fieber bemerkbar. Umfangsvermehrungen der Prostata behindern meist den Kotabsatz. Bei gutartigen Prostataveränderungen, die zu mechanischen Behinderungen führen, wird Ihnen der Tierarzt meist zur Kastration raten.

Fast jeder Rüde leidet am sogenannten **Vorhautkatarrh**. Dieser macht sich durch mehr oder weniger starken gelblichen Ausfluß bemerkbar. Normalerweise ist dieser Ausfluß für den Hund ungefährlich, er führt lediglich zu unschönen Flecken auf Teppichen und Möbeln. Spülbehandlungen zeigen meist nur kurzfristigen Erfolg. In besonders hartnäckigen Fällen sollte ebenfalls eine Kastration in Erwägung gezogen werden.

Auch die Hoden des Rüden können erkranken. Bis zum 3. Lebensmonat sollten beide Hoden in den Hodensack (Skrotum) abgestiegen sein. Geschieht dies nicht, sondern bleiben ein oder beide Hoden in der Bauchhöhle oder im Leistenspalt, so spricht man vom ein- oder beidseitigen **Kryptorchismus**. Kryptorchide Rüden sind von der Zucht ausgeschlossen, meist ist ihre Zeugungsfähigkeit durch die höhere Umgebungstemperatur der Hoden herabgesetzt. Da es bei Kryptorchiden eher zu Entartungen der Hoden kommen kann, sollten sie kastriert werden.

Auch bei »normalen« Rüden kann es zu Hodentumoren kommen; beim älteren Hund sollten Sie daher gelegentlich die Größe und Struktur beider Hoden abtasten.

HÜNDINNEN ▸ Auch Hündinnen können geschlechtsspezifische Krankheiten entwickeln, wobei Schäferhunde hier nicht überproportional betroffen sind.

Ältere Hündinnen, meist ab sechs Jahren, bekommen manchmal Tumore der Milchdrüse, sogenannte **Mammatumore**. Diese sind zu ca. 60% bösartig, neigen also zur Metastasierung in andere Organe, vor allem in die Lunge. Die operative Entfernung der Primärtumore bereitet in der Regel keine Schwierigkeiten; bei bereits vorhandenen Lungenmetastasen ist die Prognose allerdings ungünstig.

Hündinnen, die kurz vor oder nach ihrer ersten Läufigkeit kastriert werden, erkranken wesentlich seltener an Mammatumoren als un- oder spätkastrierte Tiere.

Eine weitere geschlechtsspezifische Erkrankung stellt die **Gebärmuttervereiterung** (Pyometra) dar. Auch hier sind hauptsächlich ältere Hündinnen betroffen. Betroffene Tiere wirken schlapp, sie trinken viel und haben mitunter starken, meist eitrigen Ausfluß. Die Symptome treten ca. 4–8 Wochen nach einer Läufigkeit auf. Hündinnen, die über längere Zeit läufigkeitsunterdrückende Medikamente bekommen haben, sind besonders gefährdet. In der Regel werden erkrankten Hündinnen Gebärmutter und Eierstöcke entfernt, da eine medikamentöse Therapie meist wenig Aussicht auf Erfolg bietet.

Die sogenannte **Scheinträchtigkeit**

ist keine Erkrankung, sondern ein natürliches Phänomen. In der Natur beginnen auch die nicht gedeckten Wölfinnen neun Wochen nach der Läufigkeit mit der Laktation (Milchbildung), um die Mütter des Rudels als Ammen zu unterstützen. Sehr viele Hündinnen, vor allem kleiner Rassen, werden auch heute noch scheinträchtig. Sie geben Milch, bauen ein Nest, versammeln Stofftiere, Kissen oder gar Schuhe und bewachen diese oft eifersüchtig. Meist kann man durch konsequente Beschäftigung und Bewegung sowie Entfernung ihrer »Brut« die Symptome zum Verschwinden bringen. In ausgeprägten Fällen helfen Medikamente oder letztendlich die Kastration.

Abschließend noch ein Wort zur **Kastration**: Nach dem Tierschutzgesetz dürfen Hunde nicht ohne triftigen Grund kastriert werden. Ein solcher Grund wäre z.B. die Vorbeugung späterer Geschlechtserkrankungen. Sie sollten sich diesen Schritt immer reiflich überlegen und die Vor- und Nachteile mit Ihrem Tierarzt durchsprechen.

Kastriert werden übrigens nicht nur die Rüden, wie manche Menschen glauben, sondern auch die Hündinnen. Bei der Kastration werden die Keimdrüsen, also die Hoden oder entsprechend die Eierstöcke entfernt. Bei der Sterilisation unterbindet man lediglich die Eileiter bzw. die Samenstränge. Letzteres wird bei Tieren allerdings so gut wie nie durchgeführt.

▸ Sinnesorgane

AUGEN ▸ Generell neigen Schäferhunde nicht zu Augenerkrankungen; bei manchen Tieren tritt allerdings eine rassespezifische Hornhautentzündung, die **Schäferhundkeratitis**, auf. Meist erkranken die Tiere in einem Alter zwischen drei und fünf Jahren auf beiden Augen. Die Hornhaut wird zunehmend von einem dunklen Belag überzogen, die Hunde sehen schlechter, bis hin zur völligen Erblindung. Eine vollständige Heilung ist nicht möglich, meist kann der Prozeß aber verlangsamt werden. Auch hier gilt: Mit erkrankten Hunden darf nicht gezüchtet werden, Erkrankungen sollten auf jeden Fall dem Züchter gemeldet werden, damit er entsprechende Maßnahmen in seiner Zuchtplanung ergreifen kann.

OHREN ▸ Manche Schäferhunde entwickeln im Laufe ihres Lebens ausgeprägte **Entzündungen** eines oder beider äußerer Gehörgänge. Ursache können anatomische Verengungen der Ohrkorpel sein, aber auch zugrundeliegende Allergien. Oft sind solche Entzündungen therapieresistent: die Hunde entwickeln im Laufe der Zeit eine chronische, übelriechende, verschwartete und stark juckende Entzündung, zu der sich Sekundärinfektionen durch Pilze oder Bakterien hinzugesellen können. Zu allem Überfluß schlagen sich die betroffen Tiere beim Kopfschütteln oft die Ohrmuschel an Kanten oder Türrahmen an und bekommen so ein **Blutohr** (Othämatom). Dieses erkennt man leicht an der blasigen Auftreibung der Ohrmuschel. Behandelt wird es heute meist durch Ablassen des Sekretes und Einspritzen eines Entzündungshemmers.

Im Sommer setzen sich manchmal Grannen im unteren Teil des Gehörganges fest. Beginnt Ihr Hund, nach einem Spaziergang fortgesetzt seinen Kopf zu schütteln, so kontrollieren Sie seine Ohren. Steckt der **Fremdkörper** weit unten, so muß ihn der Tierarzt mit einer speziellen Zange entfernen.

▸ Erste Hilfe

Als Hundebesitzer können Sie in die Situation kommen, Ihrem (oder auch einem anderen) Hund Erste Hilfe leisten zu müssen. Unter Erster Hilfe versteht man die Maßnahmen, die man ergreift, bis dem Hund tierärztliche Hilfe geleistet werden kann.

Benimmt Ihr Hund sich anders als sonst, wirkt er apathisch, ändert sich sein Freß-, Trink- oder Ausscheidungsverhalten nachhaltig, nimmt er stark ab oder zu, so sollten Sie ihn auf jeden Fall zum Tierarzt bringen. Zu Hause können Sie bereits die Körpertemperatur überprüfen: Beim gesunden Hund liegt sie zwischen ca. 38 und 39°C.

Im folgenden werden einige wichtige Aspekte zur Ersten Hilfe erläutert.

Augenverletzungen Hat sich Ihr Hund eine Verletzung am Auge zugezogen, so bedecken Sie das betroffene Auge mit reichlich Augensalbe oder decken es mit einem Mulltupfer ab, den Sie vorher in steriler Kochsalzlösung getränkt haben. Versuchen Sie niemals eigenhändig, eingespießte Fremdkörper zu entfernen! Bringen Sie den Hund so schnell wie möglich zum Tierarzt, und verhindern Sie, daß er sich mit den Pfoten über das Auge reibt.

Bewußtlosigkeit Lagern Sie den Hund auf der Seite. Überprüfen Sie die Atmung (hebt und senkt sich der Brustkorb, strömt Luft aus den Nasenlöchern?). Ziehen Sie die Zunge aus dem Maul und entfernen Sie evtl. Erbrochenes mit einem Metallöffel aus der Maulhöhle.

Blutungen Woher stammen die Blutungen? Wenn der Hund aus Körperöffnungen (Maul, Nase, Ohren, After, Penis oder Scheide) blutet, so sollte dringend ein Tierarzt aufgesucht werden; es können schwerwiegende innere Verletzungen bestehen. Blutet er aus äußeren Wunden, so sollten Sie diese durch einen Druckverband stillen, bis Sie beim Tierarzt sind. Vorsicht: Starke Druckverbände oder gar abgebundene Gliedmaßen können die Blutzirkulation stören und sollten nicht länger als 30 Minuten belassen werden!

Brandwunden Hat sich der Hund verbrannt oder verbrüht, so kühlen Sie den entsprechenden Bereich mit reichlich kaltem Wasser. Auch Aloevera-Salbe kühlt gut. Auf jeden Fall sollte die Wunde von einem Tierarzt untersucht werden.

Durchfall/Erbrechen Falls das Allgemeinbefinden des Hundes nicht merklich gestört ist, geben Sie ihm für die nächsten 24 Stunden nichts zu fressen. Nach dieser Frist bieten Sie ihm Schonkost an: gekochten Reis mit Hüttenkäse, zu gleichen Teilen gemischt, mit je einer Prise Salz und Traubenzucker, in kleinen Portionen. Sollte der Durchfall/das Erbrechen andauern, so suchen Sie Ihren Tierarzt auf!

Hitzschlag Hunde sind recht hitzeempfindlich, da bei ihnen der Wärmeaustausch lediglich über das Hecheln stattfindet. Lassen Sie Ihren Hund bei warmen Außentemperaturen oder stärkerer Sonneneinstrahlung niemals länger im Auto zurück. Ein Hitzschlag äußert sich durch Schwäche, erhöhte Körpertemperatur und gerötete Schleimhäute. Hat Ihr Hund einen Hitzschlag erlitten, so versuchen Sie, seine Temperatur durch kühle Tücher zu senken. Bringen Sie ihn umgehend zum Tierarzt!

Hausapotheke für den Hund

- Mulltupfer, Verbandswatte, Mullbinden
- elastische, selbsthaftende Binde
- Heftpflaster oder Leukoplast
- Schere mit abgerundeten Spitzen
- antiseptische Lösung (z.B. Betaisodona)
- Wasserstoffperoxid (3%, am besten in Tablettenform; zur Wundreinigung und Entfernung von Blutkrusten)
- Augensalbe (z.B. Regepithel oder Kerato-Biciron)
- sterile physiologische Kochsalzlösung (zum Reinigen von Wunden und zum Tränken von Mulltupfern zur Abdeckung bei Augenverletzungen)
- Paraffinöl (zum Einfetten des Fieberthermometers, zum Einflößen bei Verstopfung)
- Fieberthermometer, am besten aus Plastik und mit Digitalanzeige
- Taschenlampe
- Pinzette
- Einmalspritzen ohne Kanülen (2, 5 und 10 ml, zum Eingeben von Medikamenten oder zum Spülen von Wunden)
- Zeckenzange
- Maulkorb

Insektenstich Stiche ins Gesicht oder gar ins Maul können durch das Anschwellen der Atemwege lebensgefährlich sein. Wurde Ihr Hund gestochen, so lassen Sie ihn die nächsten Stunden nicht unbeobachtet! Sollte er Schwellungen entwickeln, bringen Sie ihn sofort zum Tierarzt!

Schock Als Schock bezeichnet man das »Versacken« des Kreislaufes. Dies passiert z.B. nach größerem Blutverlust, Vergiftungen, Hitzschlag oder bei starken Erschöpfungszuständen. Hunde im Schock haben blasses Zahnfleisch, kühle Gliedmaßen und sind oft nicht ansprechbar. Wickeln Sie den Hund in eine Decke, um ein weiteres Auskühlen zu vermeiden, und bringen Sie ihn umgehend zum Tierarzt.

Unfall/Verletzungen Bedenken Sie stets, daß verletzte und gestreßte Hunde anders reagieren als gesunde! Riskieren Sie es nicht, gebissen zu werden, sondern binden Sie dem Hund im Zweifelsfall vor der Untersuchung oder dem Transport einen Maulkorb um!
Ist der Hund bewußtlos oder bewegungsunfähig, so legen Sie ihn zum Transport auf eine Decke (Bettlaken oder Mantel), besser noch auf eine starre Unterlage wie ein Brett. Ist eine Gliedmaße offensichtlich gebrochen, so lassen Sie diese beim Transport möglichst frei herabhängen. Versuchen Sie nicht, Brüche wieder einzurichten! Stellen Sie Ihren Hund nach jedem Unfall dem Tierarzt vor!

HAUSAPOTHEKE ▶ Stellen Sie mit Hilfe Ihres Tierarztes eine Hundeapotheke zusammen. Kontrollieren Sie einmal jährlich Verfallsdatum und Funktionstüchtigkeit der enthaltenen Mittel und Utensilien.

TIP

Besuchen Sie einen der vielen heute angebotenen Kurse. Hier wird vorgeführt und erläutert, wie Erste Hilfe am Hund geleistet wird. Üben Sie ruhig auch einmal die wichtigsten Handgriffe, z.B. Verband anlegen, zu Hause, um im Ernstfall nicht mehr als nötig in Panik zu geraten.
Richten Sie eine Hundeapotheke ein (siehe links), um im Notfall die entsprechenden Utensilien und Mittel zur Hand zu haben.

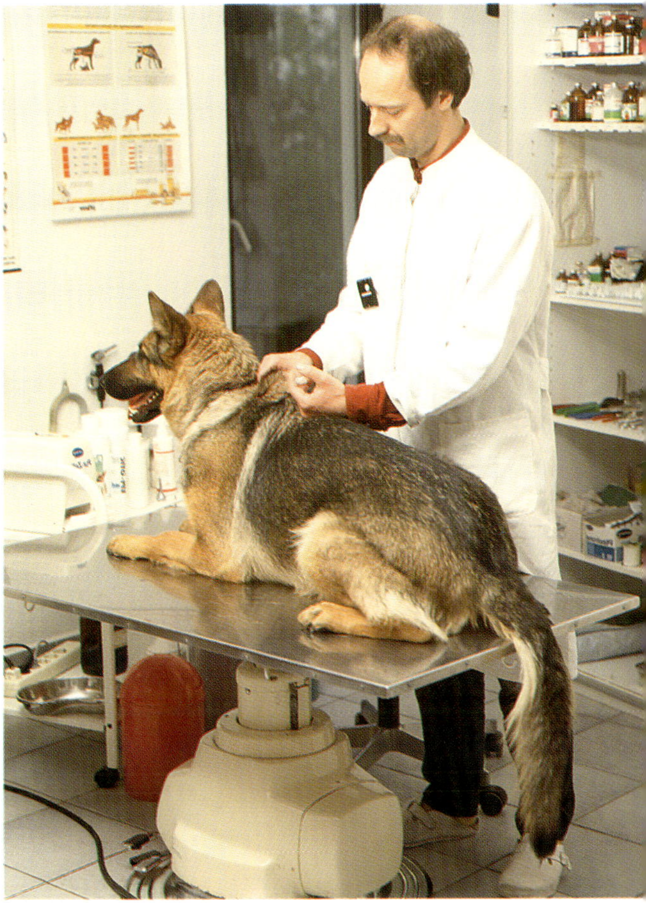

Im Idealfall sieht der Tierarzt Ihren Hund nur zu den jährlichen Impfungen.

▸ Medikamente eingeben

Tabletten verabreicht man am besten in einem kleinen Leckerbissen verpackt. Flüssigkeiten werden mit einer Einwegspritze (ohne Kanüle) seitlich in die Maulhöhle eingegeben. Halten Sie den Fang des Hundes anschließend geschlossen und streichen Sie leicht über seine Kehle, bis er geschluckt hat.

▸ Beim Tierarzt

Erkundigen Sie sich beizeiten bei anderen Hundebesitzern (oder Ihrem Züchter) nach einem guten Tierarzt, falls Sie nicht schon sowieso einen kennen. Besuchen Sie den Tierarzt bald zur Erstuntersuchung; lassen Sie sich einen Termin geben, an dem der Welpe nicht lange im Wartezimmer sitzen muß.

Beim ersten Besuch sollte das Hundekind keine Spritze bekommen, sondern nur gestreichelt werden, um nicht gleich eine unter Umständen schmerzhafte Erfahrung zu machen.

Gewöhnen Sie Ihren Hund vom ersten Tag an daran, sich widerstandslos in den Fang, die Ohren und unter die Pfoten schauen zu lassen. Setzen Sie ihn ab und zu auf einen Tisch, um ihn beizeiten an die Untersuchungssituation zu gewöhnen.

Beim Tierarzt sollten Sie auch die Gelegenheit nutzen, Ihren Hund auf die Bodenwaage zu stellen, um eine Kontrolle über sein Gewicht zu bekommen.

Dulden Sie nicht, daß Ihr Hund im Wartezimmer randaliert! Die meisten Tiere sind dort ohnehin »lammfromm«, lassen Sie Ihren Hund nicht zur unrühmlichen Ausnahme werden.

Im Ausland

Lassen Sie sich vor einer Reise mit dem Hund vom Tierarzt eine Reiseapotheke zusammenstellen:

- Durchfallmittel
- Multi-Elektrolyte zum Einmischen ins Trinkwasser (als Ausgleich bei Magen-Darm-Verstimmungen mit Durchfall und/oder Erbrechen)
- Zeckenzange
- Medikamente, die der Hund auf Dauer benötigt, in ausreichender Menge.

Im südlichen Europa, aber auch in vielen exotischen Ländern kann sich der Hund mit einer Vielzahl von Krankheiten infizieren, die zum Teil tödlich ausgehen können. Die meisten dieser Krankheiten werden durch blutsaugende Insekten übertragen. Aus diesem Grund sollten Sie es sich genau überlegen, ob Sie den Hund wirklich mitnehmen wollen. Vielleicht fühlt er sich daheim, versorgt von einer vertrauten Person, viel wohler?!

Alternative Heilmethoden

Mittlerweile werden nicht nur für den Menschen, sondern auch für Tiere viele alternative Heilmethoden angeboten. Ob Homöopathie, Naturheilkunde, Bach-Blüten-Therapie oder Akupunktur: in vielen Fällen kann die unterstützende Behandlung mit einer dieser Methoden die Schulmedizin sinnvoll ergänzen, manchmal sogar auch ersetzen.

Heute arbeiten bereits viele Tierärzte auch naturheilkundlich; sprechen Sie Ihren Tierarzt ruhig einmal auf diese Alternative an!

Im Alter wichtiger denn je: regelmäßige Gesundheitskontrollen

Ein treuer Freund – ein Leben lang

Der alte Hund

Ab einem Alter von acht, vielleicht auch neun Jahren sollten Sie Ihren Hund mindestens einmal jährlich, besser halbjährlich, gründlich tierärztlich untersuchen lassen. Jährliche Blutuntersuchungen lassen Organschwächen wie Nierenversagen oder Diabetes frühzeitig erkennen.

Ältere Hunde laufen nicht mehr soviel, sie werden insgesamt ruhiger und legen mehr Wert auf Ruhestunden. Stellen Sie das Futter auf spezielle Seniorenkost um und vermeiden Sie, mehr noch als beim jüngeren Hund, zu fette Nahrung. Muten Sie dem Hund nicht mehr zu, als er leisten kann, sowohl psychisch als auch physisch. Geben Sie ihn, falls möglich, in keine Pension; verschieben Sie Ihrem treuen Kameraden zuliebe die Fernreise noch etwas!

Schäferhunde haben eine durchschnittliche Lebenserwartung von ca. 12 Jahren. Irgendwann wird auch für Ihren Hund der Tag kommen, an dem ihm das Leben keine Freude mehr bereitet. Wenige alte Hunde sterben plötzlich im Schlaf, obwohl sich dies natürlich jeder Hundebesitzer wünscht.

Ist Ihr Hund krank, leidet er an Schmerzen, schmeckt das Futter nicht mehr, kann er Harn und Kot nicht mehr halten, versagen die Beine ihren Dienst und kann auch der Tierarzt diese Altersgebrechen nicht mehr lindern, so sollten Sie sein Leiden nicht aus Egoismus unnötig verlängern. Bekommt er seine letzte Spritze, so bleiben Sie bis zum Schluß bei ihm und halten ihn im Arm. Bitte bleiben Sie dabei ganz ruhig und sanft, damit er nicht in seinen letzten Minuten versuchen muß, Sie zu trösten!

Erziehung leichtgemacht

Erziehung leichtgemacht

Hunde wirken auf ihre Umwelt nicht nur durch ihr Aussehen, sondern auch durch ihr Verhalten. Je besser erzogen unser Hund ist, desto positiver wird die Reaktion in der Öffentlichkeit ausfallen. Was bei einem kleinen Schoßhund noch als lustig oder vielleicht lästig durchgeht, kann beim Schäferhund zu ernsthaften Problemen führen. Dies sollte man immer bedenken, wenn der Welpe so drollig sein Spielzeug oder seinen Freßnapf verteidigt oder der heranwachsende Hund jeder Katze nachsetzen möchte. Beginnen Sie mit der Erziehung bereits am ersten Tag, auch wenn Sie keine hundesportlichen Ambitionen haben!

TIP

Besuchen Sie mit Ihrem Welpen eine Welpenspielgruppe. Auch mit dem heranwachsenden Hund sollten Sie auf einem der vielen SV-Ortsgruppenplätze an einem Ausbildungskurs teilnehmen. Unter fachkundiger Anleitung und im Kreise Gleichgesinnter macht das »Arbeiten« Ihnen und Ihrem Hund sicherlich mehr Spaß und ist letztendlich auch effektiver!

Erziehungsregeln

- Was der ausgewachsene Hund nicht soll, darf man schon dem Welpen nicht durchgehen lassen! Es ist viel schwieriger, einem Hund etwas abzugewöhnen, als es ihm gar nicht erst anzugewöhnen! Möchten Sie z.B. nicht, daß der Hund auf dem Sofa oder auf Sesseln liegt, so unterbinden Sie dies bereits beim Welpen.
- Klären Sie bereits vom ersten Tag an die Rangfolge! Hunde sind Rudeltiere; sie brauchen einen Rudelführer, der den Ton angibt und den Tagesablauf bestimmt. Legen Sie bestimmte Regeln fest, die dann immer gelten. Hierzu gehören z.B. die Fütterungszeiten, Pflegerituale etc. Seien Sie ruhig, aber konsequent in Ihrem Verhalten dem Hund gegenüber.

cherheit verbunden, auch wenn seine Neugier und sein Vertrauen in die Menschen im Idealfall schnell die Überhand gewinnen.

Tadeln Sie den Kleinen nicht für ein Pfützchen auf dem Teppich oder für einen in der ersten Nacht angenagten Schuh! Halten Sie sich immer vor Augen, daß er es einfach noch nicht besser wissen kann, sondern es erst von Ihnen lernen muß! Zudem macht Tadel ohnehin nur einen Sinn, wenn er unmittelbar nach der »Tat« erfolgt. Versuchen Sie, Ärgernisse gleich im Vorfeld zu vermeiden, indem Sie die Umgebung »welpensicher« gestalten und

Die Freifolge ist eine anspruchsvollere Übung.

- Halten Sie sich an einmal eingeführte und erlernte Kommandos. Geben Sie dem Hund kurze und prägnante Befehle und achten Sie auf die strikte Ausführung. Die meisten Hunde erkennen Inkonsequenzen in der Erziehung sehr rasch und nutzen diese unter Umständen auch, um in der Rangordnung nach oben zu klettern.
- Sparen Sie nicht mit Lob! Wie der Mensch ist der Hund sehr empfänglich für positive Bestätigung und lernt so wesentlich effektiver als durch Druck.
- Schreien Sie Ihren Hund nicht unnötig an! Fortgesetztes Brüllen stumpft bereits den Welpen ab.

Grunderziehung

Die erste Zeit im neuen Heim sollte für den Welpen natürlich überwiegend mit positiven Erfahrungen besetzt sein. Er ist gerade seiner vertrauten Umgebung, seiner Mutter und seinen Spielgefährten entrissen worden. Dies ist für ein kleines Hundebaby mit viel Unsi-

Vor der Freifolge steht das Bei-Fuß-Gehen an der Leine.

regelmäßig mit dem Kleinen nach draußen gehen (siehe Seite 33).

Bauen Sie das Vertrauen des Hundebabys zu Ihnen und Ihrer Familie in diesem ersten Monat auf, um die optimale Grundlage für seine Erziehung zu schaffen. Natürlich nehmen Sie ihm Gegenstände weg, mit denen er nicht spielen soll, und beenden ein Spiel, wenn er zu grob wird. Dies geschieht aber immer sanft und belehrend, nie bestrafend.

Nach und nach beginnen Sie, dem Hund die Grundregeln des Benimms sowie die Grundkommandos beizubringen.

Auch wenn oft geraten wird, mit der eigentlichen Ausbildung des Hundes nicht vor dem zwölften Lebensmonat zu beginnen, so sollte er doch bestimmte Befehle und Übungen schon vorher beherrschen. Gewöhnen Sie ihn zum Beispiel schon ab der zwölften Woche daran, sich widerstandslos untersuchen und bürsten zu lassen. Er muß alles, was Sie mit und an ihm machen, ohne Widerstand über sich ergehen lassen. Auch den Futternapf sollte er sich von Anfang an ohne Knurren oder gar Schnappen wegnehmen lassen; selbstverständlich gilt dies ebenso für Spielzeug oder Stöckchen. Diese Übung kann ihm unter Umständen einmal das Leben retten – z.B. wenn er etwas Giftiges oder Gefährliches in den Fang genommen hat oder ihm ein spitzer Gegenstand im Gaumen steckt.

Auch wenn Sie nicht beabsichtigen, Ihren Hund später sportlich auszubilden und auf Prüfungen zu führen, so sollten Sie ihm in jedem Fall die Grundkommandos beibringen, um ihn jederzeit unter Kontrolle zu haben.

Üben Sie diese Kommandos bereits mit dem jungen Hund; gehen Sie immer erst dann zur nächsten Lektion über, wenn eine Übung »sitzt«.

TIP

Vergessen Sie niemals, jede Übungsstunde mit einem positiven Erlebnis abzuschließen, einer Lektion zum Beispiel, die der Hund besonders gut beherrscht oder die ihm viel Spaß macht. Belohnen Sie ihn danach mit einem ausgelassenen Spiel.

Halsband und Leine

Als erstes Halsband eignet sich beim noch wachsenden Hund ein weiches Lederband, als Leine eine leichte Führleine. Der erwachsene Schäferhund trägt meist ein Kettenhalsband, die Leine sollte aus Leder und längenverstellbar sein.

Leinenführigkeit

Gewöhnen Sie den Welpen an das Halsband, indem Sie es ihm vorerst nur kurz anlegen. Am besten ist es, wenn er gleich darauf gefüttert wird oder Sie mit ihm spielen, so daß er das Tragen des Halsbandes mit etwas Angenehmem verbindet.

Sobald er sich an das Tragen des Halsbandes gewöhnt hat, befestigen Sie die Leine. Auch hier halten Sie die ersten Übungseinheiten kurz. Versuchen Sie, den Hund durch Locken, evtl. mit einem Leckerbissen, zum Mitlaufen zu bewegen. Zerren Sie ihn nicht hinter sich her! Gewöhnen Sie den Hund bereits von Anfang an daran, an der lockeren Leine links neben Ihnen zu laufen.

Lob und Tadel

Das Lob sollte stets in freundlichem Tonfall erfolgen, gerne dürfen Sie auch überschwenglich zeigen, daß Sie sich über das Verhalten des Hundes freuen. Natürlich dosieren Sie das Lob entsprechend der Aktion des Hundes. Für eine »Bleib«-Übung loben Sie ihn eher zurückhaltend, um ein spontanes Aufspringen zu vermeiden. Bringt Ihnen der Junghund einen weggeworfenen Ball oder Stock zurück, so dürfen Sie ihn ausgelassener loben.

Auch kleine Belohnungshäppchen eignen sich gut als Motivationshilfe. Hierbei sollten Sie allerdings daran denken, diese zusätzlichen Kalorien von der Hauptmahlzeit abzuziehen. Außerdem sollten Sie es sich nicht zur Gewohnheit machen, dem Hund nach jedem befolgten Befehl etwas zuzustecken, sondern ihn zwischendurch auch einmal »trocken« üben lassen!

Im Idealfall müssen Sie Ihren Hund natürlich nur selten bestrafen. Meist sollte es genügen, ihn mit härterer Stimme und dem Befehl »Aus« oder »Pfui« von unerwünschtem Tun abzubringen. In besonderen Fällen hingegen ist es angebracht, ihn am Nackenfell zu packen und zu schütteln.

Nie sollten Sie Ihren Hund mit der Leine oder gar der Hand schlagen oder treten; empfindsame Tiere könnten so nachhaltig in ihrem Vertrauensverhältnis zu Ihnen gestört werden.

Rangordnung

Natürlich gibt es dominante Rüden (und auch Hündinnen), die die Rangordnung irgendwann einmal in Frage stellen. Solche Hunde müssen mit Nachdruck in ihre Schranken verwiesen werden. Um derartige Probleme gar nicht erst entstehen zu lassen, sollten Sie bestimmte Verhaltensregeln strikt einhalten.

Rangordnung demonstrieren

- Einmal gegebene Befehle müssen vom Hund unbedingt und sofort befolgt werden.
- Als Rudelführer essen Sie vor dem Hund; Sie gehen vor ihm durch enge Eingänge oder Treppen, und Sie begrüßen auch zuerst Freunde oder Bekannte!
- Der Hund muß es in jeder Situation und in jedem Alter dulden, von Ihnen auf den Rücken gedreht und dort festgehalten zu werden. Üben Sie dies in regelmäßigen Abständen immer wieder!

Die »Sitz«- und die »Platz«-Übung sollte jeder Hund beherrschen.

Sitz

Es ist einfach, bereits dem jungen Hund das Hinsetzen auf Befehl beizubringen. Leinen Sie den Hund an und bringen Sie ihn mit leichtem Druck auf die Kruppe dazu, sich hinzusetzen. Unter Umständen müssen Sie mit leichtem Zug an der Leine nach oben nachhelfen. Geben Sie gleichzeitig den Befehl »Sitz« und loben Sie den Hund tüchtig, sobald er sich hingesetzt hat.

Fuß

Anfangs wird diese Übung an der Leine durchgeführt. Beherrscht der Hund diese Lektion sicher, so kann die Übung der Freifolge (ohne Leine) beginnen. Beim Befehl »Fuß« muß der Hund links neben seinem Herrn laufen; idealerweise befindet sich sein Kopf auf Höhe Ihres linken Knies. Bleibt der Hund zurück, so motiviert man ihn durch ein aufmunterndes »Fuß« und durch Klopfen an den linken Oberschenkel. Zieht er nach vorne, so erinnert man ihn durch einen kurzen Leinenruck und ein scharfes »Fuß« daran, seine Geschwindigkeit wieder anzupassen.

Bleibt man stehen, so soll sich der Hund automatisch hinsetzen. Zu Beginn gibt man ihm beim Stehenbleiben den Befehl »Sitz«, nach und nach erinnert man ihn nur noch durch ein leichtes Tippen auf die Kruppe daran, sich zu setzen.

Hier

Diese Übung kann unter Umständen lebensrettend sein. Aus diesem Grund ist es sehr wichtig, daß der Hund in jeder Situation zuverlässig kommt, wenn er gerufen wird. Bereits den Welpen lockt man, in Verbindung mit seinem Namen, immer wieder zu sich.

TIP

Niemals darf der Hund für sein Kommen bestraft werden! Selbst wenn er von einem noch so verbotenen Tun abgerufen wird, muß er für sein Kommen stets gelobt werden!

Später wird der Befehl »Hier« in Verbindung mit dem sogenannten Vorsitzen geübt. Hierbei wird der Hund, meist aus der Sitz- oder Platzposition heraus, »abgerufen«. Der Hund soll zügig zu seinem Herrn laufen und sich unaufgefordert direkt vor ihn setzen. Auf den Befehl »Fuß« schließlich läuft der Hund rechts hinter dem Besitzer vorbei, um sich schließlich an seiner linken Seite zu setzen.

▸ Platz, Bleib

Die Platz-Übung wird am besten aus der Sitzposition heraus geübt. Mit dem Befehl »Platz« wird der Hund mit sanftem Druck auf den Widerrist zum Hinlegen gebracht. Oft muß man zu Beginn mit einem Fuß auf die gespannte Leine treten, um so einen zusätzlichen Zug nach unten auszuüben. Auch durch sanftes Vorziehen an den Vorderbeinen können Sie den Hund zum Hinlegen bewegen. Es geht auch mit einem Leckerbissen, den man an der Hundenase vorbei zum Boden führt. Bedenken Sie beim jungen Hund stets, daß er noch nicht weiß, was Sie von ihm wollen! Bleiben Sie ruhig und gelassen, verlieren Sie nicht zu schnell die Geduld, um den Hund nicht zu verunsichern.

Beherrscht Ihr Hund die Platz-Übung, so können Sie zur Bleib-Übung übergehen. Hierbei muß der Hund auf dem ihm zugewiesenen Platz liegenbleiben. Beginnen Sie mit wenigen Schritten, die Sie sich rückwärts vom Hund entfernen. Beobachten Sie ihn genau, um ein Aufstehen durch einen erneuten »Platz«- und »Bleib«-Befehl verhindern zu können. Auch dieser Befehl kann unter Umständen lebensrettend sein, z.B. wenn sich der Hund auf der anderen Straßenseite befindet.

Vergrößern Sie mit der Zeit die Abstände immer mehr und dehnen Sie

Die »Hier«- und »Sitz«-Übung erfordert konsequentes Training.

die Dauer des Abliegens aus. Schließlich sollte der Hund auch unter Ablenkung durch andere Menschen oder Hunde zuverlässig liegenbleiben. Natürlich lassen sich solche Übungen am besten auf einem Hundesportplatz trainieren.

Apportieren

Das Apportieren liegt den meisten Hunden im Blut, es bedarf meist nur geringen Trainings, um diese Anlage zu festigen. Beginnen Sie bereits beim Welpen, kleinere Gegenstände, z.B. ein zusammengerolltes Sockenpaar oder ein Spielzeug, ein paar Meter weit zu werfen. Der Welpe wird hinterherspringen und den Gegenstand aufnehmen. Locken Sie ihn zu sich zurück und tauschen Sie seine Trophäe gegen einen Leckerbissen ein. Läßt er den Gegenstand früher fallen, so gehen Sie mit ihm zurück und ermuntern ihn, seine Beute wieder aufzunehmen. Meist dauert es gar nicht lange, einem Hund das Apportieren beizubringen, wenn er in der Anfangsphase dabei keine unangenehmen Erfahrungen macht.

Zuverlässiger Gehorsam kann Ihren Hund vor vielen Gefahren schützen.

Kunststücke

Für Herr und Hund ist es meist ein Vergnügen, Freunden und Bekannten kleine Kunststückchen vorzuführen. Hierzu gehören zum Beispiel das »Pfötchengeben« und das »Totstellen«. Beides entspringt dem natürlichen Verhaltensrepertoire des Hundes und ist mit Hilfe kleiner Belohnungshappen sehr leicht auf Befehl beizubringen.

Lautgeben

Auch das Lautgeben auf Befehl ist einem Schäferhund als relativ bellfreudiger Rasse recht einfach beizubringen. Der Befehl »Gib Laut« erfolgt stets anfeuernd – am besten, wenn man zuvor mit irgend etwas, z.B. der Türklingel, die Aufmerksamkeit des Hundes erregt.

Schwieriger ist es hingegen, dem Hund unerwünschtes Bellen abzugewöhnen. Mit einem energischen »Aus« oder »Pfui« fassen Sie dem Hund von oben über den Fang. Versucht er sich herauszuwinden und bellt weiter, so fassen Sie ihn mit einer Hand im Nacken, mit der anderen umfassen Sie seinen Fang. Anschließend sollten Sie ruhig, aber bestimmt einige Befehle geben, die er bereits beherrscht (z.B. »Sitz«, »Platz« und »Bleib«), um seine Aufmerksamkeit auf Sie zu lenken. Danach natürlich das Loben nicht vergessen!

Trotz Ablenkung darf der Hund das Auto erst auf Befehl verlassen.

Verkehrssicherheit

In Straßennähe sollte auch der guterzogene Hund stets angeleint sein! Jedes Tier bleibt doch immer ein Stück unberechenbar; ein anderer Hund oder ein bekannter Mensch auf der anderen Straßenseite reichen oft aus, um Ihren Hund unvermittelt losrennen zu lassen!

Bevor Sie mit Ihrem Hund eine Straße überqueren, bleiben Sie an der Bordsteinkante stehen und lassen ihn »Sitz« machen. Man kann von einem Hund nicht erwarten, daß er selbständig Zebrastreifen aufsucht oder an der Fußgängerampel auf »Grün« wartet; lassen Sie ihn aus diesem Grund niemals unbeaufsichtigt durch die Stadt oder den Ort streifen!

Gewöhnen Sie bereits den Welpen an die verschiedenen Verkehrsmittel. LKWs, Straßenbahnen, Motorräder etc. sollten ihn weder in Panik versetzten noch zur Verfolgung animieren. Benutzen Sie immer wieder die verschiedenen öffentlichen Verkehrsmittel mit ihm. In Bus und Bahn soll der Hund ruhig neben Ihnen verweilen. Er sollte andere Menschen ignorieren und natürlich auch dulden, daß im Gedränge Menschen über ihn steigen. Manchmal läßt es sich nicht vermeiden, daß Sie mit Ihrem Hund am öffentlichen Verkehr teilnehmen. Aus diesem Grund ist es besser, wenn er diese Situation bereits ab dem Welpenalter kennengelernt hat.

Im Auto

Im eigenen PKW ist der Hund am besten in einer speziellen Hundebox aufgehoben; so sind Behinderungen des Fahrers ausgeschlossen, und auch die Verletzungsgefahr für den Hund bei unerwarteten Bremsmanövern bleibt so gering wie möglich. Andauerndes Bellen stört den Fahrer und die übrigen Wageninsassen. Wirken Sie dem bereits beim jungen Hund entgegen.

TIP

Unternehmen Sie eine längere Reise, so sollten Sie jede Stunde eine Pause einlegen, während der der Hund sich an der Leine bewegen, sich lösen und etwas trinken kann.

Den Welpen gewöhnen Sie nach und nach an das Auto als sein »zweites Zuhause«. Zuerst setzen Sie sich mit ihm in den abgestellten Wagen, ohne den Motor anzulassen. Erste kurze Fahrten sollten mit einem angenehmen Erlebnis enden, beispielsweise mit einem Spiel auf einer Wiese, etwas Futter oder einfach tüchtigem Lob. Nach und nach werden die Ausflüge länger.

Niemals dürfen Sie den Hund während der wärmeren Jahreszeiten längere Zeit im geparkten Auto allein lassen. So mancher Hund starb schon einen qualvollen Tod, weil er der gestauten Hitze nicht entkommen konnte.

▸ Gutes Benehmen

Daß sich unser Schäferhund in Gegenwart anderer Menschen (und auch Tiere) gut benimmt, sollte selbstverständlich sein. Hochspringen, Anknurren oder gar Schnappen sollten absolut tabu sein.

Es ist sehr wichtig, daß der Hund bereits ab einem frühen Alter Bekanntschaft mit vielen Menschen schließt. Bringen Sie ihn mit Kindern, alten Menschen, wenn möglich auch mit behinderten und fremdländischen Menschen zusammen. Äußert sich ihr Hund arglosen Passanten gegenüber feindselig, so liegt dies meist daran, daß er Angst hat oder unsicher ist. Vielfältige Kontakte, bei denen er lernt, daß von Menschen grundsätzlich Gutes zu erwarten ist, fördern sein Selbstvertrauen und seine Gelassenheit in der Öffentlichkeit. Versuchen Sie natürlich ebenso, negative Erfahrungen zu vermeiden.

Futter sollte Ihr Hund im Idealfall von niemandem außer Ihnen annehmen. Leider ist diese Übung eine der schwierigsten, da für viele Hunde der Freßtrieb einer der elementarsten ist. Der Trick, von einem Fremden ein mit Pfeffer gefülltes Stück Fleisch reichen zu lassen, wird oft empfohlen. In manchen Fällen wird dies wohl auch Erfolg zeigen, die meisten Hunde lassen sich allerdings nicht so leicht »übertölpeln«.

Auch bei uns zu Hause muß sich der Hund so verhalten, daß er niemanden stört oder drangsaliert. Dies gilt für Familienmitglieder ebenso wie für Be-

Schritt für Schritt wird der Welpe an Halsband und Leine gewöhnt.

sucher. Natürlich darf und soll er melden, wenn jemand das Grundstück betritt oder klingelt. Sobald Sie als Familienoberhaupt aber den Besuch begrüßt haben, ist dies für ihn das Zeichen zur »Entwarnung«. Kennt er den Besucher, darf er diesen nun natürlich ebenfalls begrüßen; sind ihm die Menschen fremd, so stellen Sie die beiden einander vor.

Andersherum muß dem Hund natürlich ein Platz zustehen, an den er sich zurückziehen kann, wenn er ungestört bleiben will. Dieser Platz sollte vor allem für Kinder, aber auch für Besucher tabu sein.

Führen Sie den Welpen behutsam an Haus- und Gartengeräte wie Staubsauger, Rasenmäher etc. heran. Ein gesundes Mißtrauen gegenüber gefährlichen Maschinen schadet nicht; ein Hund aber, der sich jedesmal knurrend auf den Staubsauger stürzt, ist nur als Welpe lustig!

ALLEINBLEIBEN ▶ Auch das ausgesprochene Rudeltier Hund muß sich unseren menschlichen Gepflogenheiten anpassen. Hierzu gehört, daß wir ihn ab und zu alleine zu Hause lassen müssen. Das Alleinbleiben übt man am besten bereits mit dem Welpen. Verlassen Sie zunächst nur das Zimmer, in dem sich der Welpe befindet, für kurze Zeit. Dehnen Sie die Zeiträume zunehmend aus; verlassen Sie dann auch das Haus/die Wohnung. Solche Übungen sollte man vorzugsweise dann durchführen, wenn der Welpe sowieso müde ist, also nach dem Spiel oder nach dem Spaziergang.

Loben Sie den Hund, sobald Sie zurückkehren, bringen Sie ihm etwas zum Spielen oder einen kleinen Leckerbissen mit. Vermeiden Sie herzerweichende Abschiedsszenen, um ihn emotional nicht zu sehr aufzustacheln.

Das gleiche gilt für das Anbinden vor Geschäften. Dies sollte übrigens auch bei einem respekteinflößenden Hund wie dem Schäferhund nicht zur Gewohnheit werden; es sollen nämlich sogar schon Schäferhunde aus ihrem eigenen Zwinger gestohlen worden sein!

HOCHSPRINGEN ▶ Hunde drücken ihre Wiedersehensfreude durch Hochspringen an befreundeten Menschen aus. Das Hochspringen kann nicht eigentlich als eine »Unsitte« bezeichnet werden, da sich auch Wölfe gegenseitig begrüßen, indem sie sich die Schnauzen ablecken. Da sich unsere »Schnauze« so weit oben befindet, müssen die Hunde an uns emporspringen.

Am besten verhindern Sie dies bereits beim Welpen, indem Sie am Boden knien und den Hund dort streicheln. Geben Sie ihm möglichst vorher den Befehl »Sitz« und begrüßen Sie ihn dann mit ruhigen Worten und langsamem Streicheln. Je hektischer Sie den Hund begrüßen, desto stürmischer wird er diese Begrüßung erwidern!

Ein großer Anteil an Ersatzansprüchen gegen Hundehalter resultiert übrigens aus verschmutzter und beschädigter Kleidung! Vesäumen Sie es daher trotz der besten Erziehung nicht, eine Haftpflichtversicherung für Ihren Hund abzuschließen!

▶ Hundesport

Gerade Ersthundebesitzer sind oft in Erziehungsfragen recht hilflos. Aus diesem Grund ist es gerade für Hundeneulinge sehr wichtig, mit kompetenten Ansprechpartnern bestimmte Probleme durchzugehen. Wenden Sie sich am besten an die nächste SV-Ortsgruppe, dort erfahren Sie, wann Welpenspieltage und Grundkurse angeboten werden. Außerdem können Sie dort Kontakte zu anderen Hundebesitzern knüpfen. Vielleicht gewinnen Sie so auch Geschmack an einer der vielfältigen Ausbildungsmöglichkeiten.

PRÜFUNGEN ▶ Unbedingt empfehlenswert ist die Prüfung zum verkehrssicheren Begleithund (BH-Prüfung). Hierbei wird unter anderem getestet, wie der Hund in verschiedenen Alltagssituationen reagiert; auch einfache Unterordnungsübungen werden verlangt. Die Vorbereitung zu diesen Kursen wird auf den SV-Übungsplätzen angeboten.

Hat man erst einmal Geschmack an der Hundeerziehung und -ausbildung gefunden, so kann man im Anschluß mit dem Training auf die Schutzhundprüfungen SchH I, II und III fortfahren. Diese Prüfungen setzen sich aus den Abteilungen A (Fährtenarbeit), B (Unterordnung) und C (Schutzdienst) zusammen. Unter fachkundiger Anleitung könnte die Vorbereitung auf eine dieser Prüfungen für Sie und Ihren Hund ein spaß- und erlebnisreiches Betätigungsfeld darstellen.

Heute gibt es außerdem eine ganze Anzahl weiterer »Sportarten«, die Sie mit Ihrem Hund ausüben können, so zum Beispiel Agility, eine Art Hindernisrennen. Erkundigen Sie sich auf Ihrem örtlichen Hundesportplatz nach den angebotenen Trainingsmöglichkeiten!

Lob und Spiel gehören zu jeder gelungenen Übung.

Freizeitpartner Schäferhund

Freizeitpartner Schäferhund

Der Schäferhund wurde als Gebrauchshund gezüchtet. Dies stand bereits vor hundert Jahren im Vordergrund, und auch heute noch verlangt der Rassestandard einen »zu hohen Leistungen veranlagten Gebrauchshund«. Diese vererbte Leistungsfähigkeit und Leistungsbereitschaft besitzt auch unser als reiner Familienhund gehaltene Schäferhund. Aus diesem Grund ist es sehr wichtig, den Hund nicht nur als »Mitläufer« zu halten, sondern ihn aktiv zu fordern.

Für den Hund ist es primär nicht entscheidend, ob er »beruflich« anspruchsvolle Tätigkeiten wie Herdenarbeit oder Polizeidienst leistet. Auch im privaten Umfeld kann man ein Aufgabengebiet schaffen, das sowohl den psychischen als auch den physischen Ansprüchen dieser Rasse gerecht wird.

Bereits vor der Anschaffung eines Schäferhundes sollte im Familienrat über diesen wichtigen Punkt gesprochen werden. Die gezielte Beschäftigung oder Ausbildung des Hundes kostet natürlich Zeit, die in jedem Fall von Anfang an einkalkuliert werden sollte!

Es gibt vielfältige Möglichkeiten, seinen Schäferhund zu fordern, der Phantasie sind hierbei kaum Grenzen gesetzt. Vom täglichen Spaziergang über die Teilnahme an Ausbildungskursen bis hin zu speziellen sportlichen Aktivitäten findet man eine ganze Reihe von Möglichkeiten.

Auch im häuslichen Umfeld findet sich eine Vielzahl verschiedener Aufgaben, die ein Hund »übernehmen« kann. Lassen Sie ihn z.B. die Zeitung ins Haus oder die Pantoffeln an die Tür bringen. Es gibt sogar Leute, die ihren Schäferhund zur Pilzsuche abgerichtet haben; Sie sehen also, es gibt vielfältige Beschäftigungsmöglichkeiten. Mit etwas Phantasie ist es nicht schwierig, eine passende Aufgabe für Ihren Hund zu finden!

▸ Auslauf

Hunde sind Lauftiere, und gerade die Gebrauchshunderassen haben ein ganz ausgeprägtes Bewegungsbedürfnis. Zwei Stunden täglicher Auslauf sind das Minimum. Natürlich paßt sich der Hund in Ausnahmesituationen auch einmal an, wenn für ein paar Tage der ausgiebige Spaziergang wegfällt; auf Dauer hingegen führt Bewegungsmangel zu körperlichen und auch psychischen Problemen.

Ich halte es für außerordentlich wichtig, dem Hund auch freien Auslauf zu ermöglichen. Manchmal machen es die örtlichen Gegebenheiten etwas schwierig, in den meisten Fällen lassen sich aber geeigntete Auslaufgebiete notfalls mit dem Auto erreichen.

Natürlich sind der nötige Grundgehorsam und Verträglichkeit mit anderen Tieren unabdingbar für den Freilauf. Man sollte den Hund auch stets zu sich rufen, sobald einem Jogger, Fahrradfahrer oder Familien mit kleinen Kindern entgegenkommen. Auch wenn Ihr Schäferhund absolut kinderlieb und »joggerfreundlich« ist, so sollten Sie bedenken, daß es Menschen gibt, die vor größeren Hunden Angst haben, eventuell schon einmal gebissen wurden. Gegenseitige Rücksichtnahme ist der Schlüssel zur besseren Akzeptanz von Hund und Halter in unserer heutigen Gesellschaft.

Tips für den Spaziergang

- Hunde erst ableinen, wenn keine Gefährdung durch den Straßenverkehr mehr besteht!
- Klären Sie bei Hundebegegnungen immer erst ab, ob beide Hunde »miteinander können«, um ernstere Raufereien zu vermeiden.
- Im Wald und in wildreichen Gegenden den Hund generell angeleint lassen!
- Legen Sie immer wieder Spiel- und Übungsphasen ein!

Regelmäßige Kontakte zu Artgenossen stärken das Sozialverhalten Ihres Hundes.

Die meisten Schäferhunde sind von Natur aus »Wasserratten«.

Gestalten Sie den Spaziergang abwechslungsreich, legen Sie Spielpausen ein und gehen Sie auch einmal andere als die gewohnten Pfade!

Verstecken Sie ein Spielzeug oder die Leine und lassen Sie den Hund danach suchen. Auch Apportierspiele und Tauziehen mit einem dicken Ast sind herrliche Abwechslungen!

Auch Hundefreundschaften lassen sich bei gemeinsamen Ausflügen pflegen. Ein Hund alleine legt bereits den drei- bis vierfachen Weg unserer Laufstrecke zurück; zwei Hunde hingegen toben und rennen noch um einiges mehr. Wenn Sie sich an einige Grundregeln halten, steht einem erlebnisreichen und angenehmen Hundespaziergang nichts mehr im Weg!

IM SOMMER ▸ Ausgedehnte Spaziergänge im Sommer sollten nach Möglichkeit auf die kühleren Tageszeiten verlegt werden. Hunde sind generell recht anfällig für Hitzestau; nicht nur der Aufenthalt im geschlossenen Auto, auch körperliche Anstrengungen in praller Sonne können gefährlich werden.

Ermöglichen Sie Ihrem Hund das Bad in freiem Gewässer. Schwimmen ist eine ausgezeichnete Trainingsmöglichkeit, die die Gelenke schont und fast jeden Muskel fordert. Hunde können in der Regel von Natur aus gut schwimmen. Man sollte Welpen allerdings langsam an das nasse Element gewöhnen und jede schlechte Erfahrung vermeiden. Lassen Sie Ihren Hund nur in sicheren Gewässern baden, verboten sind Flüsse mit starker Strömung sowie Gewässer mit sehr steiler Böschung.

Deponieren Sie ein Handtuch entweder im Auto oder nehmen Sie es mit, um den Hund nach dem Bad abzutrocknen. Sind andere Menschen, evtl. sogar Badegäste anwesend, so rufen Sie den Hund an einer etwas abgelegenen Stelle aus dem Wasser, damit er beim unweigerlichen Schütteln niemanden naßspritzt.

Wieder zu Hause, muß der Hund gründlich abgeduscht werden, um der Bildung der sogenannten »Hot Spots« (siehe Seite 61) vorzubeugen.

IM WINTER ▶ Dank seines wetterfesten Stockhaares ist der Schäferhund absolut wintertauglich. Auch bei großer Kälte freut er sich begeistert auf seine täglichen Spaziergänge (oft im Gegensatz zu seinem Besitzer!). Er wälzt sich im Schnee und rennt begeistert geworfenen Schneebällen hinterher.

Die Gefahren des Winters gehen in erster Linie von Schnee und Eis, die der Hund frißt, und Streusalz aus. Versuchen Sie, auch wenn es oft schwierig erscheint, den Hund keinen Schnee fressen zu lassen. Und kontrollieren Sie die Ballen nach jedem Spaziergang. Unter Umständen reiben Sie seine Ballen vor dem Spaziergang mit Vaseline oder Melkfett ein.

Auch beim Wintersport müssen Sie nicht unbedingt auf Ihren Kameraden verzichten. Es gibt eine ganze Anzahl ausgezeichneter Langlaufloipen, auf

Sein dichtes Stockhaar schützt den Schäferhund vor Kälte, Wind und Schnee.

denen die Mitnahme von Hunden gestattet ist. Achten Sie, wie überall in der Öffentlichkeit, darauf, daß der Hund niemanden belästigt!

Schäferhunde sind auch begeistert mit dabei, wenn die Kinder zum Schlittenfahren losziehen. Mit etwas Übung ziehen Sie den (leeren) Schlitten den Hang hinauf und tollen nebenher zu Tal. Bei allzu rasanten Fahrten sollten Sie den Hund allerdings zurückhalten, damit bei einer Kollision weder Hund noch Kinder zu Schaden kommen können.

▸ Radfahren

Am Fahrrad kann man dem Hund die nötige Bewegung verschaffen, wenn man ein paar Verhaltensregeln berücksichtigt. Grundsätzlich läuft der Hund am Fahrrad rechts, und ebenso grundsätzlich sollte man nur einen Hund am Fahrrad führen, der die Grundkommandos (siehe Seite 75) bereits sicher beherrscht. Anfangs gewöhnen Sie den Hund ans Fahrrad, indem Sie gleichzeitig das Rad schieben und den Hund führen. Erste langsame Fahrten sollten Sie auf abgelegenen Wegen mit eher weichem Boden (z.B. einem Feldweg) unternehmen. Fahren Sie möglichst nicht auf stark befahrenen Straßen, wählen Sie lieber ruhige Nebenstraßen oder gar Feld- oder Waldwege. Wickeln Sie die Leine niemals ums Handgelenk oder gar um den Fahrradlenker; dies kann zu bösen Stürzen führen.

Überfordern Sie den Hund zu Beginn nicht, passen Sie Ihr Tempo dem des trabenden Hundes an. Lassen Sie den Hund in Abständen anhalten, um zu schnüffeln oder sich zu lösen, wenn er dies signalisiert. Zeigt Ihr Hund Anzeichen von Schwäche oder Überanstrengung, so halten Sie ebenfalls an.

Kontrollieren Sie vor und nach jeder längeren Fahrt die Pfoten des Hundes auf wunde Stellen oder Verletzungen.

Natürlich steigern Sie das Trainingspensum langsam.

Für Mensch und Hund eine Herausforderung: das Führen am Fahrrad

Bei der Ausdauerprüfung, die übrigens jeder Zuchthund absolvieren muß, wird verlangt, daß der Hund 20 km am Fahrrad zurücklegt. Bis Ihr Hund (und Sie) dieses Pensum schaffen, sind allerdings einige Trainingseinheiten notwendig! Steigern Sie sich langsam, trainieren Sie nie bei praller Sonne und führen Sie bei längeren Strecken Wasser für sich und den Hund mit!

TIP

Selbstverständlich dürfen nur gesunde Hunde am Fahrrad mitgeführt werden! Bevor Sie mit dem ausgewachsenen Hund zu trainieren beginnen, sollten Sie ihn vom Tierarzt gründlich durchchecken lassen!

▸ Am Pferd

Auch beim Mitführen eines Hundes beim Ausritt sollten einige Regeln beachtet werden, um unliebsame Zwischenfälle zu vermeiden. Natürlich sollten Hund und Pferd miteinander vertraut sein. Nehmen Sie den Hund vom Welpenalter an mit in den Stall und führen Sie beide Tiere behutsam aneinander heran. Bevor der Hund auf Ausritte mitgenommen wird, sollte er die Grundkommandos absolut sicher befolgen; wichtig ist, daß er auf Befehl dicht neben dem Pferd läuft. Reiten Sie möglichst nicht an Straßen entlang!

▸ Begleithundprüfung

Die Grundlage für jede weitere Prüfung sollte die BH-Prüfung sein. Diese Ausbildung zum »verkehrssicheren Begleithund« können Sie in jeder Ortsgruppe des SV absolvieren. Auch wenn man keine weiteren hundesportlichen Ambitionen hat, sollte man diese Grundausbildung mit seinem Hund wahrnehmen. Hierbei lernt der Hund, sich in verschiedenen Alltagssituationen gelassen zu verhalten. So wird der Hund zum Beispiel angeleint an einem Ort abgelegt und darf auch bei Ablenkung durch fremde Personen nicht überreagieren. Auch die Grundkommandos (siehe Seite 75) werden hier geprüft. Nach der bestandenen BH-Prüfung kann man sich zwischen einer Vielzahl weiterer Ausbildungsmöglichkeiten entscheiden.

▸ Agility

Beim Agility gilt es, einen festgelegten Hindernisparcours in möglichst kurzer Zeit fehlerfrei zu absolvieren. Gefragt sind Behendigkeit und ein rasches Reaktionsvermögen bei gleichzeitig andauernder Aufmerksamkeit gegenüber dem Hundeführer.

Agility wird grundsätzlich in zwei Größengruppen eingeteilt: Hunde unter 40 cm Widerristhöhe starten in »Mini«, größere Hunde, also auch Schäferhunde, starten in »Maxi«. Es gibt drei Schwierigkeitsgrade: A1 für Anfänger, A2 ist sozusagen die »offene Klasse«, in der alle Tiere starten dürfen, und A3 für alle Hunde, die dreimal einen der ersten drei Plätze in A2 gewonnen haben.

Je nach Schwierigkeitsgrad umfaßt der Parcours 10 bis 20 Hindernisse und ist 100 bis 200 Meter lang. Die Art der Hindernisse ist ganz unterschiedlich: Neben Sprunghindernissen (bei »Maxi« bis 75 cm) müssen die Hunde Wippen, Stofftunnel, Laufstege und Slalomstangen bewältigen. Beim Agility werden Geschicklichkeit und Selbst-

Agility: eine moderne Hundesportdisziplin

vertrauen des Hundes geschult. Auch die Bindung zwischen Herr und Hund wird hierbei gefestigt. »Profis« verständigen sich fast wortlos!

Schutzhundausbildung

Bei der Schutzhundausbildung wird der Hund in 3 Abteilungen ausgebildet und geprüft: Abteilung A ist die Fährtenarbeit, Abteilung B die Unterordnung und Abteilung C der Schutzdienst. Die drei Prüfungen SchH 1 bis 3 sind nach Schwierigkeitsgraden gestaffelt.

In letzter Zeit ist die Schutzhundausbildung etwas in Verruf gekommen. Korrekt ausgebildet stellen Hunde mit einer SchH-Prüfung aber keine erhöhte Gefahr für die Allgemeinheit dar; die Tiere mit SchH-Prüfung müssen ja auch ihren Gehorsam unter Beweis stellen. Lassen Sie sich von einem erfahrenen Ausbilder oder dem Ausbildungswart Ihres Hundesportplatzes beraten. Nicht jeder Hund ist zur »Mannarbeit« mit dem »Figuranten« geeignet, bei sehr ängstlichen Hunden oder aber Tieren mit einer sehr niedrigen Reizschwelle sollte man unter Umständen auf andere Ausbildungen ausweichen!

Fährtenhundausbildung

Die FH-Ausbildung ist zwar physisch nicht so fordernd wie Agility oder die Schutzhundausbildung, sie erfordert aber dennoch ein Höchstmaß an Einsatzbereitschaft und Disziplin von Hund und Besitzer. Auch hier gibt es Prüfungen in drei Schwierigkeitsstufen.

TIP

Auch für Hunde oder Besitzer mit geringeren körperlichen Einschränkungen stellt die Ausbildung zum Fährtenhund ein sinnvolles Betätigungsfeld dar.

Rettungshundausbildung

Jeder kennt die Bilder von Rettungshunden, die in Katastrophengebieten nach verschütteten Menschen suchen.

Wenige wissen allerdings, daß die Ausbildung und der Einsatz dieser Hunde alleine dem Engagement von Privatleuten zu verdanken ist! In Deutschland werden Rettungshunde nicht auf Staatskosten ausgebildet. Es gibt ca. 30 Rettungshundestaffeln, die seit 1981 im Bundesverband für das Rettungshundewesen e.V. (BRH) organisiert sind. Zusätzlich gibt es Staffeln des Roten Kreuzes, des Arbeiter-Samariter-Bundes und auch der Feuerwehr. Interessieren Sie sich für solch eine Ausbildung Ihres Schäferhundes, so besuchen Sie ruhig einmal einen Übungsplatz einer solchen Hundestaffel. Sprechen Sie mit den Hundeführern und dem Ausbildungsleiter.

Nicht jeder Hund eignet sich für diese Arbeit; auch nicht jedes Herrchen ist den psychischen und den physischen Anstrengungen eines Einsatzes gewachsen! Der Hund sollte unbefangen, menschenfreundlich und nervenstark sein, für den Hundeführer stehen Teamgeist, »Verträglichkeit« auch in Streßsituationen und körperliche Fitneß an erster Stelle. Erfahrene Rettungshundeführer können Ihnen im Gespräch und mit der Beurteilung Ihres Welpen bei der Entscheidung helfen.

Sollten Sie zu dem Schluß kommen, daß die Ausbildung zum Rettungshund für Ihren Hund (und auch Sie als Hundeführer) das Richtige ist, so werden Sie ein Einsatzgebiet finden, das die Bindung zwischen Ihnen und Ihrem Hund in extremem Maße fördert. Die Adresse des BRH, der Ihnen einen Rettungshundeplatz in Ihrer Nähe vermitteln kann, finden Sie im Serviceteil (Seite 117).

▸ Hund und Kind

Für Kinder ist ein eigener Hund oft ein Herzenswunsch. Sie sollten dem Drängen aber nur dann nachgeben, wenn alle Familienmitglieder ohne Einschränkungen mit der Anschaffung eines Hundes einverstanden sind. Seien Sie sich absolut darüber im Klaren, daß auch die heißesten Beteuerungen, sich »ganz alleine« um das Tier zu kümmern, von einem Kind nicht eingehalten werden können. Sie werden diejenige Person sein, die sich nach spätestens zwei Wochen um Fütterung, Pflege und Auslauf kümmern wird. Auch bei älteren Kindern stellt sich irgendwann die Frage, was mit dem Tier passiert, wenn der Sohn oder die Tochter das Elternhaus zum Studieren oder Arbeiten verläßt. Es wird in jedem Fall Ihr Hund sein, kalkulieren Sie dies mit ein, wenn das Geburtstagsgeschenk ein Schäferhund sein soll!

Kinder und Hunde, die zusammen aufwachsen, sind meist wundervolle Spielgefährten. Lassen Sie die beiden dennoch nie unbeaufsichtigt! Auch mit fremden Kindern sollten Sie immer Vorsicht walten lassen; schnell einmal fühlt sich der Schäferhund als Beschützer seines kleinen Besitzers gefordert. Selbst wenn nur ein Jackenärmel zerissen ist, muß dies keine Erfahrung sein, die man einem Nachbarskind zumuten möchte!

Viele Hundeplätze bieten Jugendarbeit an. Für ältere Kinder und Jugendliche ist dies eine gute Gelegenheit, Ihren Hund selbst zu erziehen und von fachkundigen Ausbildern eine Menge über Hunde zu lernen. Doch auch hier sollten Sie immer daran denken, daß die Begeisterung von Kindern schnell einmal abflauen kann.

Die meisten SV-Ortsgruppen bieten Übungsstunden speziell für Jugendliche an.

Urlaub

Es gibt verschiedene Ansichten darüber, ob man einen Hund mit in den Urlaub nehmen sollte oder nicht. Meiner Meinung nach sollten Sie Ihrem Hund weder Flug- noch Fernreisen zumuten. Kein Hund wird die Karibik oder die Anden als Entschädigung für zehn oder mehr in einer engen Box verbrachte Flugstunde begreifen. Zudem drohen Hunden in vielen Ländern bestimmte Infektionen, die bei uns nicht vorkommen und die unter Umständen tödlich enden können. Selbst in nahen Ländern wie Italien, Spanien, aber auch in Südfrankreich oder dem östlichen Ausland kann sich der Hund Krankheiten holen, die ihm in Deutschland nicht drohen.

Aus diesem Grund sollten Sie es sich immer reiflich überlegen, ob Sie Ihren Schäferhund nicht in der Obhut einer ihm vertrauten Person zu Hause lassen wollen. Hinzu kommt, daß viele Hotels und Pensionen im Ausland keine Hunde dulden, und längst nicht in jedem Restaurant sind Hunde willkommen.

Geht die Reise nicht allzu weit, ist das Freizeitprogramm auf den Hund abgestimmt (z.B. Wanderungen) und haben Sie die Unterkunft bereits vorher informiert, so steht einem Urlaub mit Hund hingegen nichts im Wege.

Verreisen Sie mit dem Auto, so sorgen Sie für stündliche Pausen. Führen Sie immer einen Vorrat an Trinkwasser und einen Napf mit. Vergessen Sie auch nicht, einen Vorrat des gewohnten Futters mitzunehmen. Lassen Sie sich vom Tierarzt rechtzeitig eine Reiseapotheke zusammenstellen (siehe Seite 68). Lassen Sie sich vor Ort, am besten in Ihrem Hotel, die Adresse eines Tierarztes geben, um sie im Notfall gleich zur Hand zu haben. Hängen Sie dem Hund eine Adreßplombe mit Ihrer Urlaubs- und Heimatanschrift ans Halsband.

DAHEIMBLEIBEN ▸ Entschließen Sie sich dazu, Ihren Hund nicht mit in den Urlaub zu nehmen, so gibt es mehrere Möglichkeiten der Unterbringung. Am besten ist es natürlich, wenn eine dem Hund vertraute Person für die Zeit bei Ihnen einzieht und sich um den Hund (und eventuell um weitere Haustiere bzw. Pflanzen) kümmert. Besteht diese Möglichkeit nicht, so gibt es eine Anzahl geeigneter Hundepensionen oder auch sogenannte »Hundehotels«, in denen man seinen Hund unterbringen kann. Erkundigen Sie sich rechtzeitig bei Ihrem Tierarzt oder bei anderen Hundebesitzern nach entsprechenden Einrichtungen. Fahren Sie schon vorher einmal mit Ihrem Hund zur Pension, um einen Eindruck von den Räumlichkeiten und vor allem vom Personal zu bekommen. Fragen Sie ruhig nach Referenzen! Sind die Ausläufe sauber? Besitzen die Betreiber Hundekenntnisse, im Idealfall sogar durch eine entsprechende Vorbildung? Bekommt Ihr Hund bei Bedarf eine individuelle Betreuung (Spezialfutter, Medikamente etc.)?

TIP

Jede seriöse Hundepension verlangt von ihren »Gästen« einen gültigen Impfpaß inklusive Zwingerhustenimpfung. Werden Sie hierauf nicht angesprochen, so nehmen Sie lieber Abstand. Zu schnell kann sich Ihr Hund auf engem Raum und unter dem Umstellungsstreß infizieren!

Sagt Ihnen eine Pension nicht zu, so suchen Sie lieber weiter, anstatt später einen verstörten oder gar kranken Hund abzuholen.

Ins Tierheim sollten Sie Ihren Hund nur im äußersten Ausnahmefall bringen; weder niedrigere Unterbringungskosten noch eine kürzere Anfahrt sollten für eine solche Ferienunterkunft ausschlaggebend sein. Hier ist aus zeitlichen und personellen Gründen meist keine individuelle Betreuung möglich.

Vielleicht nimmmt auch Ihr Züchter »seinen« Hund in Urlaubspflege?

Nach dem Bad im Meer sollte der Hund mit Süßwasser abgeduscht werden.

Schäferhunde züchten

Schäferhunde züchten

Die Hundezucht ist mehr als ein »Hobby«, sie erfordert, zumindest in der Theorie, solide Grundkenntnisse der Fortpflanzungsbiologie, der Ernährung und Aufzucht sowie der rassespezifschen Anforderungen. Hinzu kommt, daß man bei einer großen Rasse wie dem Schäferhund über gewisse räumliche und auch finanzielle Mittel verfügen muß.

Für den Durchschnittszüchter ist die Hundezucht immer ein »Zuschußgeschäft«. Spätestens die Betreuung und Sozialisierung von sechs oder noch mehr unternehmungslustigen Schäferhundwelpen über einen Zeitraum von mindestens acht Wochen verlangt dem Züchter und seiner Familie zudem einiges an Geduld, Freizeit und Engagement ab. Überlegen Sie es sich also wirklich gründlich, und studieren Sie eingehend die einschlägige Fachliteratur (Literaturtips im Serviceteil, Seite 118), bevor Sie sich zur Zucht entschließen!

Voraussetzungen

Normalerweise wird ein Schäferhundwelpe nicht mit dem Ziel angeschafft, einmal mit ihm zu züchten. Oft reift im Besitzer erst mit der Zeit der Wunsch, seine Familienhündin einmal decken zu lassen, um einen der Welpen zu behalten und so die geliebte Hündin »weiterleben« zu lassen. Für die meisten Hundebesitzer ist ihr Hund der schönste, liebste und beste! Um innerhalb des SV Hunde zu züchten, die dann auch Ahnentafeln erhalten, müssen allerdings einige Voraussetzungen erfüllt werden.

Sollten Sie noch kein Mitglied des SV sein, so ist es empfehlenswert, dem Verein beizutreten, denn nur Mitgliedern steht die Eintragung ihrer Welpen ins Zuchtbuch offen. Bei Fragen und Problemen steht Ihnen der Ortsgruppen-Zuchtwart jederzeit mit Rat und Tat zur Seite; gerade für Zuchtneulinge kann diese Hilfestellung von großem Wert sein!

Man unterscheidet zwischen zur Zucht zugelassenen, zur Zucht geeigneten und zur Zucht empfohlenen Hunden.

Die zur Zucht zugelassene Hündin muß in jedem Fall im Zuchtbuch des SV eingetragen sein. Sie muß, spätestens am Belegtag, über ein Ausbildungskennzeichen verfügen (z.B. SchH 1–3, IP 1–3, HGH). Auf einer

Vor der Zuchtzulassung muß sich der Hund bei verschiedenen Prüfungen bewähren.

Der Stolz eines jeden Züchters: eine Plazierung auf der Bundessieger-Zuchtschau

Zuchtveranstaltung des SV muß sie mindestens mit der Bewertung »gut« beurteilt worden sein und außerdem den »a«-Stempel in der Ahnentafel aufweisen. Dieser besagt, daß der HD-Röntgenbefund des Hundes »normal«, also ohne Befund ist.

Über diese Anforderungen hinaus müssen zur Zucht geeignete Hunde auf einer Körung in die Körklasse 2 angekört werden, zur Zucht empfohlene Hunde sogar in die Körklasse 1.

DIE KÖRUNG ▸ Körungen sind spezielle Veranstaltungen des Zuchtvereins. Hier werden zur Zucht zugelassene Hunde einer Wesensprobe, einer Schußprobe, einer Schutzdienstprüfung, einer Identitätskontrolle und natürlich auch einer anatomischen Beurteilung unterzogen.

Je nach »Qualifikation« werden die Hunde in die Körklasse 1 oder 2 eingestuft. Körungen finden nur in der Zeit vom 1. März bis zum 30. November eines Jahres statt; jeder Hund darf in diesem Zeitraum nur einmal zur Körung vorgeführt werden.

ZUCHTALTER UND -HÄUFIGKEIT ▸ Hündinnen dürfen frühestens mit 20 Monaten, Rüden mit zwei Jahren zur Zucht eingesetzt werden.

Pro Jahr darf eine Hündin zweimal zur Zucht eingesetzt werden, sofern sie nicht mehr als acht Welpen selbst aufzieht. Werden ihr mehr als acht Welpen belassen, so darf die Hündin erst sechs Monate nach dem Wurftag erneut gedeckt werden.

Sind all diese Voraussetzungen erfüllt, ist Ihre Hündin gesund und die Familie einverstanden, so können die Vorbereitungen zur Zucht getroffen werden.

DER ZWINGERNAME ▸ Jeder »Zwinger« (gemeint ist hiermit die Zuchtstätte) trägt einen eigenen Zwingernamen. Der Phantasie des Züchters sind hierbei kaum Grenzen gesetzt – allgemeine Geschmacksgrenzen dürfen natürlich nicht überschritten werden, außerdem darf der Name nicht bereits für einen anderen Zwinger geschützt worden sein. Den Antrag auf Schutz des Zwingernamens verschickt der SV.

▸ Der Deckrüde

Als unerfahrener Züchter beraten Sie sich am besten mit dem Zuchtwart, welcher Rüde für Ihre Hündin in Frage kommt. Oft ist es für den Zuchtneuling gar nicht so einfach, den passenden Zuchtpartner zu finden.

Die Decktaxe, die der Hündinnenbesitzer dem Rüdenbesitzer zahlen muß, kann unterschiedlich hoch sein. Oft entspricht sie dem Preis eines Welpen, bei hochdekorierten Spitzenrüden kann Sie natürlich auch entsprechend höher liegen.

TIP

Wählen Sie keinen Rüden, nur weil er gerade »in« ist. Auf der anderen Seite sollten Sie sich aber auch nicht für einen Rüden entscheiden, nur weil er im Nachbarort wohnt!

In der Regel fährt der Züchter mit seiner Hündin zum Rüden – nicht umgekehrt. Zu starke Ablenkung des Rüden durch die ungewohnte Umgebung soll so vermieden werden; außerdem müßten die Rüden wesentlich häufiger »verreisen« als die Hündinnen, ein Rüde darf nämlich bis zu 60 Deckakte pro Jahr ausüben.

▸ Der Zyklus der Hündin

Der Zyklus der Hündin wird »monöstrisch« genannt, d.h. zwischen zwei Läufigkeiten befindet sich in der Regel eine halbjährliche Ruhepause. Die Hündinnen mancher Rassen werden nur einmal pro Jahr läufig, Schäferhunde gehören allerdings nicht hierzu. Der Zyklus dauert also zwischen 160 und 260 Tagen und wird in vier Phasen aufgeteilt.

Der Eisprung findet zwischen dem 9. und dem 12. Tag der Läufigkeit statt (siehe Tabelle), in diese Zeit fällt auch der Decktermin. Sind Sie sich unsicher über den Zyklusstand Ihrer Hündin, so können Sie Ihren Tierarzt um Hilfe bitten. Dieser wird mittels eines Progesteron-Bluttests und eines Scheidenabstriches möglichst genau sagen können, in welchem Stadium sich die Hündin befindet, und so den Deckerfolg »optimieren« helfen.

Der Zyklus der Hündin

Zyklusphase	*Dauer*	*Bild*
Proöstrus (Vorbereitungsstadium)	7 – 18 Tage (im Mittel 9 Tage)	geschwollene Vulva, blutiger Ausfluß, noch keine Deckbereitschaft
Östrus (Eisprungstadium)	6 – 14 Tage	stark geschwollene Vulva, hellerer Ausfluß, es besteht Deckbereitschaft
Metöstrus (Nachbrunststadium)	60 – 140 Tage	Vulva schwillt ab, der Ausfluß klingt wieder ab, das Verhalten der Hündin normalisiert sich wieder
Anöstrus (brunstloses Stadium)	im Mittel 90 Tage	kein Ausfluß, keine geschwollene Vulva, normales Verhalten (»Geschlechtsruhe«)

Die Eizellen der Hündin brauchen nach dem Eisprung noch eine Zeit der »Nachreifung« im Eileiter (ca. ein bis zwei Tage), die Samenzellen des Rüden bleiben im Eileiter der Hündin noch ca. sieben Tage befruchtungsfähig. Werden die »reifen« Eier nicht innerhalb von 20 bis 36 Stunden befruchtet oder treffen die Samenzellen auf »unreife« Eier, so bleibt die Hündin leer. Sie sehen also, daß der Decktermin von nicht geringer Bedeutung für den Erfolg ist. Gerade vor längeren Anfahrten zum Deckrüden sollten Sie sich also einigermaßen sicher sein, daß der Termin »paßt«.

Der Deckakt

Beim Deckrüden angekommen, lassen Sie die beiden Hunde vorsichtig ersten Kontakt aufnehmen. Weniger der Rüde als vielmehr die Hündin kann den aufdringlichen, fremden Verehrer erst einmal grob zurechtweisen. In den allermeisten Fällen wird sie aber bald auf sein Werben eingehen. Beim Schäferhund ist eine Hilfestellung beim Deckakt, wie bei manchen anderen Rassen, normalerweise nicht nötig.

Eine Besonderheit der Hundepaarung ist das »Hängen«. Durch die starke Anschwellung der Penisschwellkörper bleibt der Rüde für ca. zwanzig Minuten nach dem »Absteigen« in der Hündin hängen. Hängende Hunde sollten niemals gewaltsam getrennt werden, da man sie so ernstlich verletzen kann.

KÜNSTLICHE BESAMUNG ▸ Die künstliche Besamung stellt beim Hund – im Gegensatz zu anderen Haustierarten – die Ausnahme dar. Es gibt nur wenige Indikationen, die eine solche Maßnahme beim Hund rechtfertigen. Hierzu gehören z.B. große räumliche Distanzen zwischen Hündin und Rüde oder Quarantäne-Bestimmungen, die ein Verpaaren bestimmter Hunde praktisch unmöglich machen.

Gerade für Länder wie England stellt die künstliche Besamung ein durchaus sinnvolles Verfahren dar, um den Genpool der Rasse im Land zu erweitern und Inzuchtschäden zu vermeiden.

Innerhalb eines Landes aber sollte doch weitgehend dem natürlichen Deckakt der Vorzug gegeben werden; nicht zuletzt, um die Weitervererbung bestimmter Mängel, die einen natürlichen Deckakt unmöglich machen, zu verhindern.

Die Trächtigkeit

Die Tragzeit der Hündin dauert durchschnittlich 63 Tage, also ca. neun Wochen. Ab dem 21. Tag kann eine Trächtigkeitsdiagnose per Ultraschall gestellt werden. Die Anzahl der Welpen ist per Ultraschall nur sehr schwer zu bestimmen. Ab dem 52. Trächtigkeitstag (nach der Knochenmineralisierung der Feten) kann eine Röntgenaufnahme hierüber Auskunft geben. Nach dem heutigen Wissensstand schadet eine solche diagnostische Röntgenaufnahme weder der werdenden Mutter noch ihren Babys. Eine Röntgenaufnahme kann sogar sehr wichtig sein, um z.B. abzuklären, ob eine Geburt abgeschlossen ist, oder ob noch ein oder mehrere Welpen zu erwarten sind und unter Umständen ein Kaiserschnitt nötig sein wird.

Auch über eine Blutuntersuchung ist neuerdings ein Trächtigkeitsnachweis möglich.

Normalerweise verläuft die Trächtigkeit bei der Schäferhündin ohne Komplikationen.

In den ersten fünf Wochen wird man der Hündin nur wenig anmerken, auch die Fütterung wird in dieser Zeit wie gewohnt beibehalten. In der zweiten Hälfte der Trächtigkeit wird der Bauch deutlich an Umfang zunehmen, nun hat die werdende Mutter auch einen erhöhten Nährstoffbedarf. Falls die Hündin während der Säugeperiode ein anderes Futter erhalten soll, so stellen Sie sie bereits jetzt um. Die Futtermenge in der Hochträchtigkeit sollte – je nach Anzahl der Feten – 30 bis 50% über der gewohnten Ration liegen. Einige Tage vor der Geburt werden die meisten Hündinnen von sich aus weniger fressen, dies ist normal und sollte Sie nicht beunruhigen.

Wurfvorbereitungen

Bereiten Sie rechtzeitig alles für die bevorstehende Geburt vor, um im entscheidenden Moment nicht in Panik zu geraten. Schäferhündinnen sind in aller Regel instinktsichere Mütter, denen Sie nichts »abnehmen« müssen. Dennoch wird Ihre Hündin über Ihre Anwesenheit im Hintergrund sicher beruhigt sein.

Machen Sie die Geburt nicht zu einem »Medienspektakel«! Nachbarn, Freunde und Bekannte sind als Zaungäste absolut tabu; es sollte sich am besten nur eine Bezugsperson der Hündin permanent bei ihr aufhalten.

Oft werfen Hündinnen gegen Abend oder in der Nacht. Machen Sie sich rechtzeitig Gedanken darüber, wo die Hündin werfen soll; ein ruhiger Ort abseits vom Alltagstrubel ist ideal.

TIP

Selbstverständlich sollte das Wurfzimmer warm, trocken und zugfrei sein. Der Raum sollte über mindestens eine Steckdose verfügen, um eventuell eine Wärmelampe anbringen zu können.

TIP
Sprechen Sie vor dem ersten Wurf Ihrer Hündin viel mit erfahrenen Züchtern; Sie können, gerade was praktische Tips angeht, sehr viel von diesen »alten Hasen« lernen!

Gewöhnen Sie die Hündin rechtzeitig, also ca. zwei Wochen vor dem Geburtstermin, an die Wurfbox und den als Welpenzimmer vorgesehenen Raum, um ihr genug Zeit zur »Eingewöhnung« zu geben. Die ideale Wurfkiste sollte so beschaffen sein, daß sich die Hündin bequem darin ausstrecken und außerdem leicht über den Rand hinweg ein- und aussteigen kann. Der Rand sollte allerdings so hoch bemessen sein, daß die Welpen nicht hinauskrabbeln können.

TIP
Unterrichten Sie Ihren Tierarzt rechtzeitig vom voraussichtlichen Wurftermin. Lassen Sie sich von ihm die Telefonnummer geben, unter der er auf jeden Fall zu erreichen sein wird. Scheuen Sie sich nicht, ihn notfalls auch nachts anzurufen.

In der Checkliste sind die Dinge aufgeführt, die Sie vor der Geburt besorgen bzw. auf ihre Gebrauchstüchtigkeit überprüfen sollten.

Geraten Sie bei dieser Aufzählung nicht in Panik, die meisten dieser Dinge werden Sie wahrscheinlich gar nicht benötigen. Es gibt einem aber dennoch ein Gefühl der Sicherheit, zu wissen, daß man für alle Eventualitäten gerüstet ist!

Utensilien für die Geburt

- [ ] Fieberthermometer
- [ ] Wärmelampe mit Ersatzbirne
- [ ] reichlich trockene Handtücher, um die Welpen gegebenenfalls abzurubbeln
- [ ] kleine, weich ausgepolsterte Transportkiste, um bereits geborene Welpen bei Komplikationen mit zum Tierarzt zu nehmen
- [ ] Wärmflasche
- [ ] frische Eier, Traubenzucker und Kalzium-Trinkampullen, um der Hündin einen nahrhaften »Stärkungstrunk« während der Geburt reichen zu können
- [ ] Notizbuch, Uhr und Küchenwaage, um erste Aufzeichnungen über Geburtszeit und -gewicht der einzelnen Welpen machen zu können
- [ ] Vaseline oder sonstiges Gleitmittel
- [ ] spezielles Trinkfläschchen und Milchersatz, um die Welpen notfalls ernähren zu können
- [ ] sterilisierte oder abgekochte Baumwoll- oder Seidenfäden sowie eine Schere, um die Nabelschnüre gegebenenfalls abbinden zu können

Die Säugeperiode ist für die Mutter sehr anstrengend. Sie sollte ausreichend vollwertiges Futter bekommen.

Die Geburt

Bereits eine Woche vor dem errechneten Geburtstermin sollten Sie zweimal täglich die Temperatur der Hündin messen. 12 bis 24 Stunden vor der Geburt sinkt die Temperatur auf ca. 37°C ab, außerdem wird die Hündin kurz vor der Geburt das Fressen verweigern.

Bleiben Sie ruhig und gelassen; eine Geburt ist keine Krankheit, sondern ein natürlicher Vorgang und verläuft beim Schäferhund in den allermeisten Fällen absolut reibungslos.

Sobald die Wehen einsetzen, sollten Sie dies notieren. Überschreiten die Preßwehen einen Zeitraum von einer Stunde und ist bereits Fruchtwasser ausgetreten, ohne daß ein Welpe zur Welt kommt, so sollten Sie Ihren Tierarzt anrufen.

Die Zeit zwischen der Austreibung von zwei Welpen kann variieren: wenige Minuten bis einige Stunden können dazwischenliegen. Besteht ein Wurf aus sehr vielen Welpen, so legt die Hündin meist eine »Pause« ein, um Kräfte zu sammeln. Solange die Hündin keine Wehen oder starke Unruhe zeigt, besteht kein Grund zur Besorgnis!

Beobachten Sie, ob alle Nachgeburten abgehen. Nach jedem Welpen wird normalerweise dessen Plazenta ausgeschieden, die meist sofort von der Hündin verzehrt wird.

Die Fruchthülle, die jeden einzelnen

Welpen umgibt, reißt normalerweise beim Austreiben der Welpen. Geschieht dies nicht und befreit auch die Mutter ihren Welpen nicht unmittelbar aus seiner Fruchtblase, so müssen Sie dies übernehmen, da der Kleine sonst ersticken könnte.

Die Welpen werden instinktiv nach den Zitzen suchen und zu trinken beginnen, sobald sie auf der Welt sind. Diese erste Milch, die sog. Kolostralmilch, ist für die Welpen besonders wichtig, da sie mit ihr Immunkörper der Mutter aufnehmen, die sie in der ersten Zeit vor Infektionen schützen.

▸ Mögliche Komplikationen

Dauern die Wehen länger als eine Stunde, ohne daß ein Welpe geboren wird, oder zeigt die Hündin lange vor dem errechneten Termin Anzeichen einer bevorstehenden Geburt, so sollten Sie umgehend Ihren Tierarzt anrufen. Auch wenn die Hündin über den 70. Tag hinaus keinerlei Anzeichen einer Geburt zeigt, sollten Sie Ihren Tierarzt um Rat fragen. Eventuell wurde der Termin falsch errechnet, nicht immer ist der Decktermin identisch mit dem Tag der Befruchtung! Auf jeden Fall sollte der Tierarzt die Lebensfähigkeit der ungeborenen Feten überprüfen.

KAISERSCHNITT ▸ Beim Schäferhund wird ein Kaiserschnitt, anders als bei manchen anderen Rassen, sehr selten nötig werden. Rät Ihr Tierarzt dennoch zu einer Schnittentbindung, so bleiben Sie ruhig. Dieser Eingriff stellt eine Routineoperation dar, die von der Mutter so gut wie immer ohne Probleme überstanden wird. Welpen, die bei einem Kaiserschnitt tot herausgeholt werden, hätten in aller Regel auch auf normalem Wege das Licht der Welt nicht lebend erblickt. Oft sind feststeckende, zu große oder zu viele Welpen die Ursache für Geburtsschwierigkeiten. In manchen Fällen sind Gebärmutterprobleme oder das Alter der Hündin der Grund.

Meist wird der Tierarzt Sie fragen, ob die Hündin gleichzeitig kastriert werden soll. Liegen die Gründe für die Geburtsschwierigkeiten bei der Hündin, so sollten Sie diesem Eingriff zustimmen. Verlassen Sie sich im Zweifelsfall auf das Urteil Ihres Tierarztes! Er sieht den Zustand der Gebärmutter während der Operation und sollte Ihre »Vollmacht« bekommen, während des Eingriffes eine Entscheidung zu treffen.

EKLAMPSIE ▸ Diese Stoffwechselstörung wird durch einen plötzlichen Kalziummangel der Hündin während der Säugeperiode ausgelöst. Die Hündin bekommt Fieber und Krämpfe. Eine sofortige tierärztliche Versorgung mit Kalziuminfusionen ist unabdingbar.

MASTITIS ▸ Unter Umständen kann sich das Gesäuge der Hündin entzünden. Die entsprechenden Bereiche schwellen an, sie werden hart und heiß und sind äußerst schmerzhaft. Für den Zeitraum der Behandlung und Abheilung sollten die Welpen mit der Flasche ernährt werden, um der Hündin übermäßige Schmerzen und den Welpen eine eventuelle Infektion zu ersparen.

▸ Die Wurfbetreuung

Normalerweise übernimmt die Mutter die »Brutpflege« in den ersten drei Lebenswochen ganz alleine. Sie säugt und putzt die Welpen mit Hingabe und wacht meist eifersüchtig über ihre Kleinen. Passen Sie auf, daß Freunde Ihrer Kinder und auch erwachsene Besucher sich nicht ungebeten der Mutter und ihrem Wurf nähern; so manche mißtrauische Hundemama hat schon unwillkommene Gäste mit einem herzhaften Biß vertrieben! Beziehen Sie die Mutter und ihre Welpen aber kontinuierlich in das Alltagsgeschehen ein, um die Hundebabys von Anfang an mit Haushaltsgegenständen und auch -geräuschen vertraut zu machen.

Die ausgiebige Eingewöhnung und Sozialisierung von Hunden bereits beim Züchter ist oft der Schlüssel zu verträglichen und belastbaren Familienhunden!

Ab dem Alter von zwei Wochen sollten die Welpen wöchentlich mit einem geeigneten Präparat gegen Spulwürmer behandelt werden. Diese Entwurmungen werden bis drei Wochen nach dem Absetzen durchgeführt.

In der achten Lebenswoche ist die Erstimpfung fällig, die Impfpässe geben Sie den künftigen Besitzern mit. Vergessen Sie nicht, diese darauf hinzuweisen, daß die Impfung vier Wochen später aufgefrischt werden muß!

▸ Die Entwöhnung

Mit der Zeit wird sich die Hundemutter ihren Welpen immer häufiger entziehen und sie ab der sechsten Woche nurmehr zum Füttern und eventuell auch zum Säubern aufsuchen. Zu die-

Das Futterbetteln behalten Hunde zeitlebens als Begrüßungsgeste bei.

Schäferhunde stellen ihre Ohren im Laufe der ersten Lebensmonate. Während des Zahnwechsels können bereits stehende Ohren vorübergehend wieder kippen.

ser Zeit besitzen die Welpen äußerst spitze Milchzähne und scharfe Krallen, mit denen sie das Gesäuge der Hündin mitunter sehr strapazieren. Zwingen Sie die Hündin zu dieser Zeit nicht, bei ihren Welpen zu bleiben, wenn sie sich lieber einmal erholen möchte!

Ab der dritten Lebenswoche beginnen Sie mit der Zufütterung breiartiger Nahrung, z.B. von Milchersatz oder fein pürriertem Fleisch. Auf jeden Fall sollten Sie das Beifutter auf mehrere kleine Portionen verteilen und immer frisches Wasser zur Verfügung stellen. Bis zum Alter von sechs bis acht Wochen können Sie die Welpen dann auf ein handelsübliches Welpenfutter umstellen, welches Sie auch den Welpenkäufern mitgeben bzw. zur vorerst weiteren Fütterung empfehlen. Viele erfahrene Züchter haben richtige Fütterungsstrategien entwickelt, nach denen sie ihre Welpen ernähren und die sie auch ihren Welpenkäufern an die Hand geben. Vielleicht entwickeln Sie mit der Zeit auch einen solchen Fütterungsplan für Ihre Welpenkäufer.

▸ Die Wurfabnahme

Sobald der Wurf auf der Welt ist, sollten Sie den Zuchtwart informieren. Er wird Sie und die Welpen zur Wurfabnahme aufsuchen. Meist werden die Welpen zugleich tätowiert. Vom SV fordern Sie den Wurfmeldeschein und den Antrag auf die Ausstellung der Ahnentafeln (AT) an, die Sie ausfüllen und zusammen mit den folgenden Unterlagen innerhalb von sechs Monaten an die SV-Hauptgeschäftsstelle senden:

- Ahnentafel der Hündin
- Deckbescheinigung
- Tätowierschein (Original)
- Tätowierkontrollstreifen

Es kann sein, daß die Ahnentafeln noch nicht angefertigt sind, wenn die Welpen bereits bei ihrem neuen Besitzer sind. Die Zuchtbuchstelle wird die AT nur an den Züchter (also an Sie) versenden. Überprüfen Sie nochmals alle Angaben auf der AT auf ihre Richtigkeit, unterschreiben Sie sie und übergeben Sie sie dann so bald wie möglich an die neuen Welpenbesitzer.

Verkauf der Welpen

Sicherlich wird es Ihnen schwerfallen, sich nach acht bis zwölf Wochen von der kleinen Rasselbande zu trennen. Meist leidet der Züchter mehr als die gestreßte Hundemama, wenn die Racker aus dem Haus gehen. Inserieren Sie rechtzeitig in der SV-Zeitung, evtl. auch in der lokalen Tagespresse. Vergewissern Sie sich auch beim SV noch einmal, daß Ihr Wurf der Welpenvermittlungsstelle bekannt ist und die Adresse an Interessenten weitergegeben wird.

Bei der Auswahl der zukünftigen Besitzer sollten Sie ruhig kritisch vorgehen. Fragen Sie die Interessenten aus, und erwarten auch Sie, daß Sie »gelöchert« werden. Leute, die beim ersten Besuch ängstlich vor Ihren Hunden zurückweichen oder die penibel darauf bedacht sind, keinen Fleck und kein Hundehaar abzubekommen, sind vermutlich nicht die richtigen künftigen Besitzer Ihrer Welpen.

Im Idealfall melden sich die künftigen Besitzer sogar schon vor der Geburt und verfolgen die ersten Wochen »ihres« Hundes bei regelmäßigen Besuchen mit.

Stellen Sie für die ersten Tage ein Paket für die neuen Besitzer zusammen: etwas vom gewohnten Futter, evtl. ein Ernährungsplan, den Impf- und Entwurmungspaß und vielleicht auch ein Tuch aus der Welpenkiste, das den vertrauten Geruch trägt.

TIP

Vielleicht gehört auch dieses Buch mit zur Grundausstattung für die frischgebackenen Schäferhundbesitzer?!

Welpen sollten frühestens mit acht Wochen von ihrer Mutter getrennt werden.

Service

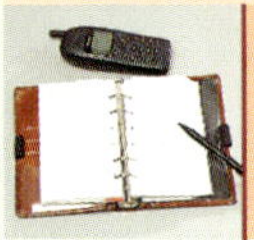

Service

ABLEGEN das Verweilen des Hundes in der Platz-Position über einen längeren Zeitraum unter Entfernen des Hundeführers.

ABSETZEN Umstellen der Welpen von Muttermilch auf feste Nahrung.

AD Ausdauerprüfung.

AFTERKRALLEN sporadisch vorkommende fünfte Zehen an den Hinterläufen.

AGILITY bestimmte Fitneßsportart für Hund und Mensch.

AHNENTAFEL (AT) Abstammungsnachweis, der vom Zuchtverband ausgestellt wird.

APPORTIEREN Bringen von Gegenständen zum Hundeführer.

AUGSBURGER MODELL Erziehungskurse des SV, die für Hunde aller Rassen und deren Besitzer offen sind.

BALLEN Sohlenpolster am Hundefuß.

BELEGEN das geplante Decken der Hündin durch einen bestimmten Rüden.

BH Begleithundprüfung.

CAC Certificat d´Aptitude au Championat (Anwartschaft auf nationalen Siegertitel).

CACIB Certificat d´Aptitude au Championat International de Beauté (Anwartschaft auf internationalen Siegertitel).

DHV Deutscher Hundesportverband e.V.

DSH Deutscher Schäferhund.

DYSPLASIE Fehlbildung der Hüft- oder Ellbogengelenke (HD oder ED); führt in der Folge meist zur Arthrose der entsprechenden Gelenke.

FANG dies ist der vordere Teil des Hundekopfes, entsprechend der Schnauze und den Zähnen.

FCI Fédération Cynologique Internationale.

FH Fährtenhund.

FIGURANT Schutzdiensthelfer im Hetzanzug oder mit Hetzärmel.

FÜHRIGKEIT Bereitschaft des Hundes, sich seinem Besitzer unterzuordnen und seine Kommandos zu befolgen.

GEBÄUDE Körperbau des Hundes.

GEBRAUCHSHUNDE zu den anerkannten Gebrauchshunderassen gehören Deutscher Schäferhund, Boxer, Rottweiler, Dobermann, Riesenschnauzer, Airedale Terrier, Hovawart und Bouvier.

- **GRIFF** das Zupacken mit dem Fang beim Schutzdienst.
- **HD** Hüftgelenksdysplasie.
- **HF** Hundeführer.
- **HITZE** Zyklusphase, Läufigkeit. In der »Hochhitze« »steht« die Hündin, d.h., sie ist paarungsbereit.
- **HOSEN** Behaarung an den Hinterseiten der Oberschenkel.
- **IMPONIEREN** Verhalten, mit dem ein Hund seine Überlegenheit gegenüber einem Sozialpartner zum Ausdruck bringen möchte.
- **INZESTZUCHT** Verpaarung von Eltern und Kindern, Großeltern und Enkeln oder von Geschwistern. Ist innerhalb des SV verboten.
- **INZUCHT** Verpaarung von zwei Hunden, die innerhalb der ersten fünf Ahnenreihen einen gemeinsamen Vorfahren haben.
- **IPO** Internationale Prüfungsordnung.
- **KNAUTSCHEN** das Herumkauen oder Spielen mit dem Apportierholz.
- **KOLOSTRALMILCH** Erstmilch der Hündin, sie ist für die neugeborenen Welpen lebenswichtig.
- **KÖRUNG** Ausleseveranstaltung, hier werden besonders zur Zucht geeignete Hunde »angekört«.
- **KRUPPE** hinterer Teil des Rückens.
- **KUHHESSIG** nach innen gedrehte Sprunggelenke.
- **LAKTATION** Produktion und Absonderung von Milch während der Säugeperiode.
- **LANGSTOCKHAAR** langes, weiches Deckhaar ohne Unterwolle, meist auf der Rückenmitte gescheitelt, längere Befransung auch an den Ohren, den Läufen und der Rute. Vom Standard nicht zugelassene Haarart beim Schäferhund.

- **LÄUFIGKEIT** Zyklusphase der Hündin, beginnt mit dem ersten Auftreten von Ausfluß und endet mit der Deckbereitschaft.
- **LAUTGEBEN** Bellen des Hundes aus einem bestimmten Anlaß oder auf Befehl.
- **LEFZEN** die »Lippen« des Hundes.
- **LINIENZUCHT** Züchtungsprozeß, bei dem bestimmte »Linien« gebildet werden, die auf einen oder wenige bestimmte Vorfahrten zurückgehen.
- **MILCHTRITT** tretende Bewegungen der Welpen mit ihren Vorderpfoten, die die Milchdrüse der Hündin zur Milchabgabe stimulieren.

- **MOLAREN** hintere Backenzähne.
- **OCD** Osteochondrosis dissecans, Gelenkerkrankung, bei der sich Knorpelteile ablösen und frei im Gelenk liegen.
- **OHRENZWANG** Gehörgangsentzündung, ausgelöst meist durch Bakterien, Pilze oder Parasiten.

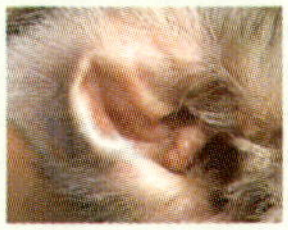

- **ÖKV** Österreichischer Kynologenverband.
- **PO** Prüfungsordnung.
- **PRÄGUNG** in früher Jugend erfolgender Lernvorgang, bei dem sich dem Hund besonders nachhaltig sowohl positive als auch negative Erlebnisse und Umstände »einprägen«.

- **PRÄMOLAREN** vordere Backenzähne.
- **RANGORDNUNG** Hierarchie innerhalb einer Sozialgemeinschaft; entweder zwischen Hunden oder zwischen Hund und Menschen.
- **REVIEREN** das Absuchen eines Geländes; wird meist im Schutzdienst verwendet.
- **RH** Rettungshund.
- **RÜCKBISS** die oberen Schneidezähne stehen vor den unteren, ohne sie zu berühren. Beim Schäferhund seltener Gebißfehler.
- **SCHERENGEBISS** die oberen Schneidezähne schließen direkt vor den unteren. Erwünschte Gebißform beim Schäferhund.

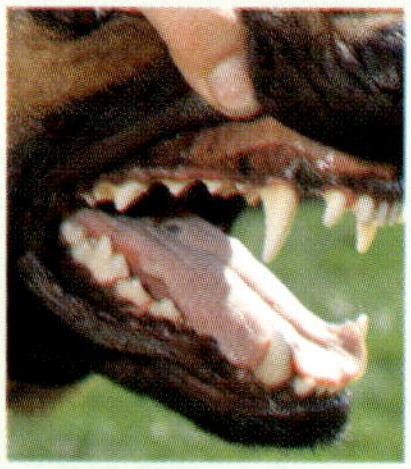

- **SCHH** Schutzhund.
- **SCHULTERHÖHE** die Höhe des Hundes, gemessen am Widerrist.
- **SCHUSSGLEICHGÜLTIGKEIT** der Hund bleibt bei lautem Knallen unbeeindruckt; wird bei bestimmten Prüfungen verlangt. Das Gegenteil ist der schußscheue Hund.
- **SCHUTZDIENST** bestimmte Abteilung innerhalb der Schutzhundausbildung.
- **SCHUTZTRIEB** Verhalten, bei dem der Hund seine Meutemitglieder (Hunde und Menschen) gegen Angriffe verteidigt.
- **SG** die Bewertung »sehr gut«.
- **SKG** Schweizerische Kynologische Gesellschaft.
- **STANDARD** offizielle Aufstellung der Rassekennzeichen einer bestimmten Rasse; der Standard wird vom Mutterland der Rasse festgesetzt.
- **STOCKHAAR** das erwünschte Haarkleid beim Schäferhund.
- **STOCKMASS** siehe Schulterhöhe.
- **STOP** der »Stirnabsatz« des Hundes zwischen Oberschädel und Fang.
- **SV** Verein für Deutsche Schäferhunde e.V.
- **TÄTOWIEREN** vom SV vorgeschriebenes Einbringen einer grünen Kennziffer ins rechte Ohr des Hundes.
- **UNTERORDNUNG** Gehorsamsübungen; auch bestimmte Abteilung der Schutzhundprüfung.
- **V** die Bewertung »vorzüglich«.
- **VDH** Verband für das Deutsche Hundewesen e.V.
- **VERWEISEN** das Anzeigen von Gegenständen bei der Fährtenarbeit.
- **VORBISS** die unteren Schneidezähne stehen vor den oberen; beim Schäferhund seltener Gebißfehler.
- **WINKELUNG** Stellung der Gelenke.
- **WOLFSKRALLE** siehe Afterkralle.
- **ZANGENGEBISS** die oberen Schneidezähne treffen genau auf die unteren.
- **ZUCHTBUCH** Register aller gezüchteten Hunde innerhalb eines Rasseverbandes, wird regelmäßig neu herausgegeben.
- **ZUCHTSCHAU** Veranstaltung, bei der die Hunde nach Formwertnoten beurteilt werden.

Der Schäferhund

- **FCI-Standard Nr. 166/23.03.1991/D, Fassung 1997**
- **Ursprungsland: Deutschland**
- **Verwendung: vielseitiger Gebrauchs-, Hüte- und Dienstgebrauchshund**

FCI-KLASSIFIKATION

Gruppe 1 (Hütehunde und Treibhunde), Sektion 1 (Schäferhunde mit Arbeitsprüfung)

KURZER GESCHICHTLICHER ÜBERBLICK

Nach den amtlichen Festsetzungen des Vereins für Deutsche Schäferhunde (SV) e.V., Sitz Augsburg, im Verband für das Deutsche Hundewesen – VDH –, der als Gründerverein der Rasse für den Rassestandard des Deutschen Schäferhundes verantwortlich zeichnet, aufgestellt in der ersten Mitgliederversammlung zu Frankfurt/M. am 20. September 1899, nach den Vorschlägen von A. Meyer und von Stephanitz, nebst den Ergänzungen der VI. Mitgliederversammlung am 28. Juli 1901, der XXIII. Mitgliederversammlung zu Köln/Rh. am 17. September 1909, der Vorstands- und Beiratssitzung zu Wiesbaden am 5. September 1930 und Zuchtausschuß- und Vorstandssitzung am 25. März 1961, im

Rahmen der Weltunion der Vereine für Deutsche Schäferhunde – WUSV –, überarbeitet und bei der WUSV-Tagung am 30. August 1976 beschlossen, überarbeitet und katalogisiert mit Ermächtigungsbeschluß durch den Vorstand und Beirat vom 23./24. März 1991.
Der Deutsche Schäferhund, mit dessen planmäßiger Züchtung im Jahre 1899 nach Gründung des Vereins begonnen wurde, ist aus den mitteldeutschen und süddeutschen Schlägen der damals vorhanden gewesenen Hütehunde herausgezüchtet worden mit dem Endziel, einen zu hohen Leistungen veranlagten Gebrauchshund zu schaffen.
Um dieses Ziel zu erreichen, wurde der Rassestandard des Deutschen Schäferhundes festgelegt, der sich sowohl auf die körperliche Beschaffenheit wie auch auf die Wesens- und Charaktereigenschaften bezieht.

ALLGEMEINES ERSCHEINUNGSBILD

Der Deutsche Schäferhund ist mittelgroß, leicht gestreckt, kräftig und gut bemuskelt, die Knochen trocken und das Gesamtgefüge fest.

WICHTIGE MASSVERHÄLTNISSE

Die Widerristhöhe beträgt für Rüden 60 cm bis 65 cm, bei Hündinnen 55 cm bis 60 cm.
Die Rumpflänge übertrifft das Maß der Widerristhöhe um etwa 10 – 17%.

WESEN

Der Deutsche Schäferhund muß vom Wesensbild her ausgeglichen, nervenfest, selbstsicher, absolut unbefangen und (außerhalb einer Reizlage) gutartig sein, dazu aufmerksam und führig. Er muß Mut, Kampftrieb und Härte besitzen, um als Begleit-, Wach-, Schutz-, Dienst- und Hütehund geeignet zu sein.

KOPF

Der Kopf ist keilförmig, der Körpergröße entsprechend (Länge etwa 40% der Widerristhöhe), ohne plump zu sein oder überstreckt zu sein, in der Gesamterscheinung trocken, zwischen den Ohren mäßig breit.
Die Stirn ist von vorn und von der Seite gesehen nur wenig gewölbt und ohne oder mit nur schwach angedeuteter Mittelfurche.
Das Verhältnis von Oberkopf zu Gesichtsteil beträgt 50% zu 50%. Die Oberkopfbreite entspricht in etwa der Oberkopflänge.
Der Oberkopf geht (von oben gesehen), von den Ohren zur Nasenkuppe sich gleichmäßig verjüngend, mit schräg verlaufendem, nicht scharf ausgebildetem Stirnabsatz in den keilförmig verlaufenden Gesichtsteil (Fangteil) des Kopfes über. Ober- und Unterkiefer sind kräftig ausgebildet.
Der Nasenrücken gerade, eine Einsattelung oder Aufwölbung ist nicht erwünscht. Die Lippen sind straff, gut schließend und von dunkler Färbung.

DIE NASE muß schwarz sein.

DAS GEBISS muß kräftig, gesund und vollständig sein (42 Zähne gemäß der Zahnformel). Der Deutsche Schäferhund hat ein Scherengebiß, d.h., die Schneidezähne müssen scherenartig ineinandergreifen, wobei die Schneidezähne des Oberkiefers scherenartig die des Unterkiefers überschneiden. Auf-, Vor- und Rückbeißen ist fehlerhaft, ebenso größere Zwischenräume zwischen den Zähnen (lückenhafte Stellung). Fehlerhaft ist ebenso die gerade Zahnleiste der Schneidezähne. Die Kieferknochen müssen kräftig entwickelt sein, damit die Zähne tief in die Zahnleiste eingebettet sein können.

DIE AUGEN sind mittelgroß, mandelförmig, etwas schrägliegend und nicht hervortretend. Die Farbe der Augen soll möglichst dunkel sein. Helle, stechende Augen sind nicht erwünscht, da sie den Ausdruck des Hundes beeinträchtigen.

OHREN

Der Deutsche Schäferhund hat Stehohren von mittlerer Größe, die aufrecht und gleichgerichtet getragen werden (nicht seitwärts eingezogen), sie sind spitz auslaufend und mit der Muschel nach vorn gestellt. Kippohren und Hängeohren sind fehlerhaft. In der Bewegung bzw. in Ruhestellung nach hinten angelegt getragene Ohren sind nicht fehlerhaft.

HALS

Der Hals soll kräftig, gut bemuskelt und ohne lose Kehlhaut (Wamme) sein. Die Zuwinkelung zum Rumpf (Horizontale) beträgt ca. 45%.

KÖRPER

Die Oberlinie verläuft vom Halsansatz an über den hohen langen Widerrist und über den geraden Rücken bis zur leicht abfallenden Kruppe ohne sichtbare Unterbrechung. Der Rücken ist mäßig lang, fest, kräftig und gut bemuskelt. Die Lende ist breit, kurz, kräftig ausgebildet und gut bemuskelt. Die Kruppe soll lang und leicht abfallend (ca. 23° zur Horizontalen) sein und ohne Unterbrechung der Oberlinie in den Rutenansatz übergehen.

DIE BRUST soll mäßig breit sein, die Unterbrust möglichst lang und ausgeprägt. Die Brusttiefe soll etwa 45% bis 48% der Widerristhöhe betragen.

DIE RIPPEN sollen mäßige Wölbung ausweisen, tonnenförmige Brust ist ebenso fehlerhaft wie Flachrippigkeit.

DIE RUTE reicht mindestens bis zum Sprunggelenk, jedoch nicht über die Mitte des Hintermittelfußes hinaus. Sie ist an der Unterseite etwas länger behaart und wird in sanft herabhängendem Bogen getragen, wobei sie in der Erregung und in der Bewegung stärker angehoben getragen wird, jedoch nicht über die Horizontale hinaus. Operative Korrekturen sind verboten.

GLIEDMASSEN

VORHAND

Die Vordergliedmaßen sind von allen Seiten gesehen gerade, von vorn gesehen absolut parallel. Schulterblatt und Oberarm sind von gleicher Länge und mittels kräftiger Bemuskelung fest am Rumpf angelagert. Die Winkelung von Schulterblatt und Oberarm beträgt im Idealfall 90°, im Regelfall bis 110°.

Die Ellenbogen dürfen weder im Stand noch in der Bewegung ausgedreht werden und ebenso nicht eingedrückt sein. Die Unterarme sind von allen Seiten gesehen gerade und zueinander absolut parallel stehend, trocken und fest bemuskelt. Der Vordermittelfuß hat eine Länge von ca. 1/3 des Unterarmes und hat einen Winkel von ca. 20° bis 22° zu diesem. Sowohl ein zu schräg stehender Vordermittelfuß (mehr als 22°) als auch ein steil stehender Vordermittelfuß (weniger als 20°) beeinträchtigen die Gebrauchseignung, insbesondere die Ausdauerfähigkeit.

DIE PFOTEN sind rundlich, gut geschlossen und gewölbt, die Sohlen hart, aber nicht spröde. Die Nägel sind kräftig und von dunkler Farbe.

HINTERHAND

Die Stellung der Hinterläufe ist leicht rückständig, wobei die Hintergliedmaßen von hinten gesehen parallel zueinander stehen. Oberschenkel und Unterschenkel sind von annähernd gleicher Länge und bilden einen Winkel

von ca. 120°, die Keulen sind kräftig und gut bemuskelt.
Die Sprunggelenke sind kräftig ausgebildet und fest, der Hintermittelfuß steht senkrecht unter dem Sprunggelenk.
DIE PFOTEN sind geschlossen, leicht gewölbt, die Ballen hart und von dunkler Farbe, die Nägel kräftig, gewölbt und ebenfalls von dunkler Farbe.

GANGWERK

Der Deutsche Schäferhund ist ein Traber. Die Gliedmaßen müssen in Länge und Winkelungen so aufeinander abgestimmt sein, daß er ohne wesentliche Veränderung der Rückenlinie die Hinterhand bis zum Rumpf hin verschieben und mit der Vorhand genausoweit ausgreifen kann. Jede Neigung zur Überwinkelung der Hinterhand mindert die Festigkeit und die Ausdauer und damit die Gebrauchstüchtigkeit. Bei korrekten Gebäudeverhältnissen und Winkelungen ergibt sich ein raumgreifendes, flach über den Boden gehendes Gangwerk, das den Eindruck müheloser Vorwärtsbewegungen vermittelt. Bei einem nach vorn geschobenen Kopf und leicht angehobener Rute ergibt sich bei einem gleichmäßigen und ruhigen Trab eine von den Ohrenspitzen über den Nacken und Rücken bis zum Rutenende verlaufende, weich geschwungene und nicht unterbrochene Rückenlinie.

HAUT

Die Haut ist (lose) anliegend, ohne jedoch Falten zu bilden.

HAARKLEID

BESCHAFFENHEIT DES HAARES Die korrekte Behaarung für den Deutschen Schäferhund ist das Stockhaar mit Unterwolle. Das Deckhaar soll möglichst dicht, gerade, harsch und fest anliegend sein. Am Kopf einschließlich des Ohrinnern, an der Vorderseite der Läufe, an Pfoten und Zehen kurz, am Hals etwas länger und stärker behaart. An der Rückseite der Läufe verlängert sich das Haar bis zum Vorfußwurzelgelenk bzw. bis zum Sprunggelenk, an der Rückseite der Keulen bildet es mäßige Hosen.
FARBEN Schwarz mit rotbraunen, braunen, gelben bis hellgrauen Abzeichen. Schwarz einfarbig, Grau mit dunklerer Wolkung, schwarzem Sattel und Maske. Unauffällige, kleine weiße Brustabzeichen sowie helle Innenseiten sind zugelassen, aber nicht erwünscht. Die Nasenkuppe muß bei allen Farbschlägen schwarz sein. Fehlende Maske, helle bis stechende Augenfarbe sowie helle bis weißliche Abzeichen an Brust und Innenseiten, helle Krallen und rote Rutenspitze sind als Pigmentschwäche zu bewerten. Die Unterwolle zeigt einen leichten Grauton. Die Farbe Weiß ist nicht zugelassen.

GRÖSSE/GEWICHT

RÜDEN Widerristhöhe 60 bis 65 cm, Gewicht 30 bis 40 kg.
HÜNDINNEN Widerristhöhe 55 bis 60 cm, Gewicht 22 bis 32 kg.

HODEN

Rüden sollten zwei offensichtlich normal entwickelte Hoden aufweisen, die sich vollständig im Skrotum befinden.

FEHLER

Jede Abweichung von den vorgenannten Punkten sollte als Fehler angesehen werden, dessen Bewertung im genauen Verhältnis zum Grad der Abweichung stehen sollte.

SCHWERE FEHLER

- Abweichungen von den vorstehend beschriebenen Rassekennzeichen, die die Gebrauchsfähigkeit beeinträchtigen.

- Ohrenfehler: Seitlich zu tief angesetzte Ohren, Kippohren, Schildspannerstellung der Ohren, nicht gefestigte Ohren.
- Erhebliche Pigmentmängel.
- Stark beeinträchtigte Gesamtfestigkeit.
- Zahnfehler: Alle Abweichungen vom Scherengebiß und der Zahnformel, soweit es sich nicht um ausschließende Fehler (siehe Folgendes) handelt.

AUSSCHLIESSENDE FEHLER

- Wesensschwache, bissige und nervenschwache Hunde.
- Hunde mit nachgewiesener »schwerer HD«.
- Monorchiden und Kryptorchiden sowie Hunde mit deutlich ungleichen bzw. verkümmerten Hoden.
- Hunde mit entstellenden Ohren- bzw. Rutenfehlern.
- Hunde mit Mißbildungen.
- Hunde mit Zahnfehlern bei Fehlen von: 1 mal Prämolar 3 und ein weiterer Zahn, oder 1 Fangzahn, oder 1 Prämolar 4, oder 1 Molar 1 bzw. Molar 2, oder insgesamt 3 Zähne und mehr.
- Hunde mit Kiefermängeln: Rückbiß von 2 mm und mehr, Vorbiß, Aufbeißen im gesamten Schneidezahnbereich.
- Hunde mit Über- bzw. Untergröße von mehr als 1 cm.
- Albinismus.
- Die Haarfarbe Weiß (auch bei dunklen Augen und Nägeln).
- Langstockhaar (langes, weiches, nicht fest anliegendes Deckhaar mit Unterwolle, Fahnen an Ohren und Läufen, buschige Hosen und buschige Rute mit Fahnenbildung nach unten).
- Langhaar (langes, weiches Deckhaar ohne Unterwolle, meist auf der Rückenmitte gescheitelt, Fahnen an Ohren und Läufen und an der Rute).

Adressen

Verein für Deutsche Schäferhunde e.V. (SV)
Steinerne Furt 71/71a
86167 Augsburg
Tel. 08 21/7 40 02-0
Fax 08 21/70 34 89

Verband für das Deutsche Hundewesen e.V. (VDH)
Westfalendamm 174
44141 Dortmund
Tel. 02 31/5 65 00-0
Fax 02 31/59 24 40

Deutscher Hundesportverband e.V. (dhv)
Gustav-Sybrecht-Str. 42
44536 Lünen
Tel. 02 31/8 79 49
Fax 02 31/8 77 08 13

Bundesarbeitsgemeinschaft rettungshundeführender Vereinigungen e.V.
Thomas Schreiber
Postfach 11 86
71301 Waiblingen

Österreichischer Kynologenverband (ÖKV)
Johann-Teufel-Gasse 8
A - 1238 Wien
Tel. 01-8 88 70 92
Fax 01-8 89 26 21

Österreichischer Verein für Deutsche Schäferhunde (SVÖ)
Linzer Str. 342
A - 1140 Wien
Tel./Fax 01-9 14 22 49

Schweizerische Kynologische Gesellschaft (SKG)
PF 82 17
CH - 3001 Bern
Tel. 0 31-3 01 58 19
Fax 0 31-3 02 02 15

Schweizer Schäferhund-Club (SSC)
Gulachenstr. 3
CH - 5746 Walterswil
Tel. 0 31-62 7 97 17 49
Fax 0 31-62 7 97 46 23

Zum Weiterlesen

Beck, Peter: Das Beste für meinen Hund. Profitips für Hundefreunde. Kosmos, Stuttgart 2000.
Becvar, Dr. Wolfgang: Naturheilkunde für Hunde. Grundlagen, Methoden, Krankheitsbilder. Kosmos, Stuttgart 1994.
Durst-Benning, Petra: Kräuterapotheke für Hunde. Kosmos, Stuttgart 1998.
Feddersen, Dr. Dorit: Hunde und ihre Menschen. Kosmos, Stuttgart 1992.
Feddersen, Dr. Dorit: Hundepsychologie. Wesen und Sozialverhalten. Kosmos, Stuttgart 1989.
Fleig, Dieter: Die Technik der Hundezucht. Kynos, Mürlenbach 1998.
Harries, Brigitte: Ein Welpe kommt ins Haus. Kosmos, Stuttgart 1995.
Harries, Brigitte: Hundesprache verstehen. Kosmos, Stuttgart 1998.
Hertrich, Hans-Günter: Hundespaß Agility. Kosmos, Stuttgart 1998.
Hoefs, Nicole und Petra Führmann: Das Kosmos-Erziehungsprogramm für Hunde. Kosmos, Stuttgart 1999.
Jones, Renate: Welpenschule leichtgemacht. Kosmos, Stuttgart 1997.
Kejcz, Yvonne: Unser Hund wird alt. Kosmos, Stuttgart 1994.
Lausberg, Frank: Erste Hilfe für den Hund. Kosmos, Stuttgart 1999.
Pietralla, Martin: Clickertraining für Hunde. Kosmos, Stuttgart 2000.
Pryor, Karen: Positiv bestärken, sanft erziehen. Kosmos, Stuttgart 1999.
Rakow, Dr. Barbara: Der homöopathische Hundedoktor. Kosmos, Stuttgart 1999.
Ross, John und Barbara McKinney: Hunde verstehen und richtig erziehen. Kosmos, Stuttgart 1994.
Ross, John und Barbara McKinney: Welpen-Kindergarten. Kosmos, Stuttgart 1997.
Rustige, Dr. Barbara: Hundekrankheiten. Kosmos, Stuttgart 1999.
Stein, Petra: Bach-Blüten für Hunde. Kosmos, Stuttgart 1997.
Tammer, Isabell: Hundeernährung. Kosmos, Stuttgart 2000.
Tellington-Jones, Linda und Sybil Taylor: Der neue Weg im Umgang mit Tieren. Die Tellington TTouch Methode. Kosmos, Stuttgart 1993.
Tellington-Jones, Linda: Tellington-Training für Hunde. Das Praxisbuch zu TTouch und TTeam. Kosmos, Stuttgart 1999.
von Stephanitz, Rittmeister Max: Der Deutsche Schäferhund in Wort und Bild. SV-Verlag, München 1923.
Zidonis, Nancy A. und Marie K. Soderberg: Akupressur für Hunde. Kosmos, Stuttgart 1999.

Register

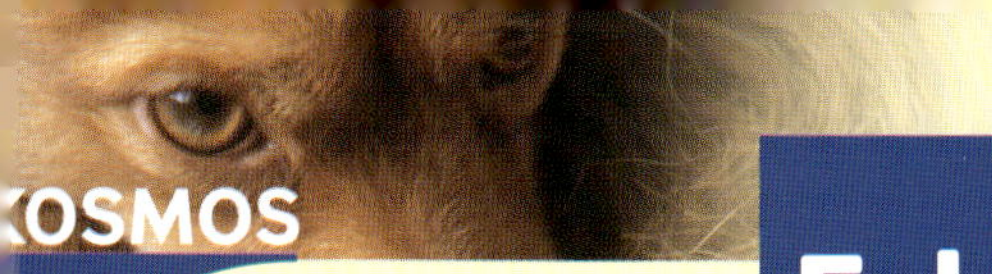

Erlebnis Tiere

Positive Verstärkung

Positive Verstärkung ist das Zauberwort für Erziehung und Training ohne Zwang, Gewalt und Strafe. Dieses Verhaltenstraining lässt sich nahezu auf jede Alltagssituation anwenden – und funktioniert auf verblüffende Weise auch bei Pferden hervorragend. Als Clickertraining ist die positive Verstärkung in der Hundeerziehung bekannt geworden.

Karen Pryor
Positiv bestärken – sanft erziehen

208 Seiten, geb.
ISBN 3-440-07695-4

Präzises Lob in jeder Situation: der Clicker macht es möglich! Der Hund wird so trainiert, dass er diesen Ton mit einer darauffolgenden Belohnung verknüpft. Der Vorteil: auch auf Distanz kann der Hund zum richtigen Zeitpunkt gelobt werden. Mit dem Clickertraining lernen Hunde motiviert und kreativ.

Martin Pietralla
ClickerTraining für Hunde

128 Seiten,
200 Farbfotos, kart.
ISBN 3-440-08012-9

Package: Buch und Clicker

BÜCHER / VIDEOS
CDs / KALENDER
Natur
Garten und Zimmerpflanzen
Astronomie
Heimtiere
Pferde & Reiten
Angel & Jagd
Kinder- und Jugendbücher
Eisenbahn / Nutzfahrzeuge
Spiele
Experimentier-Kästen

www.kosmos.de

Bildnachweis

Farbfotos von Peter Beck (1, S. 82), Thomas Höller (1, S. 72/73), Juniors Bildarchiv (9, Begsteiger S. 71, Chmielorz S. 95, Kolmikov S. 69, Schanz S. 19, Teichmann S. 96/97, Wegner, S. 3, 23, 47, 107), Eva-Maria Krämer (10, S. 8re, 8li, 9, 13, 25, 104, 106, 108, 111), Dr. Anna Laukner (1, S. 34), Werner Layer (2, S. 55, 70), Lothar Lenz (4, S. 38, 64, 81, 87), Pedigree Pal (1, S. 92), Reinhard-Tierfoto (10, S. 1, 15, 31, 36, 39, 43, 61, 88, 89, 90), Ralf Roppelt/Sahara Werbeagetur (7 kleine Kapitelkennfotos ohne Hund), Christof Salata/Kosmos (alle übrigen Aufnahmen), Ulrike Schanz (3, S. 4/5, 27, 49), Moritz Seifert (S. 124 klein) und aus dem Archiv des SV (10, S. 7, 100, 10u, 11, 12, 14, 94, 99 oben, 99 unten, 112).
Zeichnungen von Rainer Benz (S. 63), Milada Krautmann (S. 58o, 113), Dr. Anna Laukner (S. 6) und Schwanke & Raasch (S. 58 u). Die historischen Abbildungen auf Seite 10 sind der »Enzyklopädie der Rassehunde, Band 1« von Dr. Hans Räber entnommen (Kosmos 1993).

Autorin und Verlag bedanken sich bei Martin und Maria Göbl (Zwinger »vom Wildsteiger Land«, Schildschweig 8, 82409 Wildsteig, Tel. 08862-504). Hier hat Christof Salata die Schäferhunde fotografiert.

Umschlaggestaltung von Atelier Reichert, Stuttgart, unter Verwendung von drei Fotos von Christof Salata/Kosmos.
Mit 100 Farbfotos, 6 sw-Abbildungen und 1 Farbzeichnung.

Die Deutsche Bibliothek – CIP-Einheitsaufnahme
Ein Titelsatz für diese Publikation ist bei
Der Deutschen Bibliothek erhältlich.

ISBN 3-440-07711-x
Lektorat: Angela Beck
Grundlayout: Friedhelm Steinen-Broo, eSTUDIO CALAMAR
Satz und Layout: Andrea Kunkel, Stuttgart
Printed in Czech Republic / Imprimé en Républic tchèque
Druck und Binden: Těšínská Tiskárna, a. s., Český Těšín

Hundepaß

NAME

GESCHLECHT

TÄTOWIERUNG

GEWORFEN AM

BEKOMMEN AM

BESONDERE MERKMALE

WICHTIGE ADRESSEN

TIERARZT

TIERÄRZTLICHER NOTDIENST

HUNDEVEREIN

HUNDEPENSION

HAFTPFLICHTVERSICHERUNG

ZOOFACHHANDEL

InfoLine

Dr. med. vet. Anna Laukner

ist mit Hunden aufgewachsen. Ihre besondere Liebe gilt Deutschen Schäferhunden, die sie selbst ausgebildet und auf Vereinsmeisterschaften innerhalb des SV in der Schutzhundprüfung A (Unterordnung und Schutzdienst) geführt hat.

Die promovierte Tierärztin ist in einer Kleintierklinik tätig und hat bereits zahlreiche Fachartikel für Hunde- und Katzenzeitschriften verfaßt.

Sie können sich mit Ihren Fragen und Problemen an Dr. med. vet. Anna Laukner wenden. Schreiben Sie an die »Hunde-InfoLine« (bitte mit Rückporto):

Kosmos Verlag
»Hunde-InfoLine«
Postfach 10 60 11
D-70049 Stuttgart